TAKAAKI NAKANO

APRENDE A USAR TU CUERPO

Traducción de Marta Moya
(DARUMA Serveis Lingüístics, SL)

Salud natural

DIANA

Antes de empezar

Perdona que empiece así, pero tengo una pregunta para ti. ¿Puedes levantarte, sentarte y caminar de verdad cada día? «¿A qué te refieres con lo de "de verdad"? —te preguntarás—. Yo me levanto, me siento y camino normal...».

Permíteme presentarme. Me llamo Takaaki Nakano y soy el director de la clínica Nakano Seitai de Aoyama, Tokio. Nakano Seitai fue fundada en la era Taishô y lleva ya cuatro generaciones en activo. Hasta el momento, he tratado personalmente a más de 180,000 personas de entre cero a ciento ocho años.

Nos han visitado pacientes japoneses y extranjeros, hombres y mujeres con personalidades y estilos de vida diversos, por lo que sabemos que las causas del malestar o el cansancio siempre varían en función de cada persona. Sin embargo, después de una investigación exhaustiva podemos concluir que la mayoría de los problemas se resuelven dándole a nuestro cuerpo el uso para el que originariamente fue diseñado.

Quizá te cueste creerlo, pero es la verdad.

Lo primero que hacemos cuando un paciente nos visita por primera vez es comprobar cómo se mueve pidiéndole que se ponga de pie, se siente y camine como lo hace normalmente. Y créeme cuando te digo que, aunque hemos tratado a multitud de personas, son muy pocas las que se ponen de pie, se sientan y caminan de la forma correcta. La proporción de personas que de verdad caminan bien (y a las que admiro) mientras contemplan la ciudad a su alrededor es de una entre cien. De ahí mi pregunta al comienzo de esta introducción.

La mayoría de las personas simplemente se ponen en pie, se sientan y caminan como pueden, repitiendo, día tras día, movimientos que, sin saberlo, van castigando su cuerpo. Esta es la razón por la que luego se sienten cansadas o no están bien.

En resumen, **nos cansamos al estar de pie** porque no nos ponemos de pie de forma consciente. **Nos cansamos al estar sentados** porque no nos sentamos de forma consciente. Y **nos cansamos solo por caminar** porque no caminamos de forma consciente.

Dicho de otra forma, no estamos expresando el potencial real de nuestro cuerpo, no lo estamos utilizando bien. Lo cual, por desgracia, aunque hagamos deporte y nos preocupemos por tener una alimentación correcta... saboteará nuestros resultados y, en el peor de los casos, es posible que incluso nos acabemos lesionando. La mejor de las intenciones podría provocar justo el efecto contrario.

En especial, las mujeres, cuyo cuerpo suele ser más blando y con menos masa muscular, muestran más tendencia a moverse de la forma incorrecta. Además, también son proclives a padecer desequilibrios hormonales durante las diferentes etapas de su vida, como la menstruación, el embarazo o el parto, lo cual acaba generando más cansancio.

«Trabajo mucho cada día y estoy agotada. Cada vez me cuesta más soportar el cansancio. Por mucho que intente descansar, siento que no consigo recuperarme del todo. He ido a que me hagan masajes, pero tampoco noto ninguna mejora».

Con este libro quiero enseñarte, a ti, una mujer adulta, lo que puedes hacer para aprender a usar tu cuerpo de la forma correcta desde hoy mismo. Mi deseo es que pases del «Mmm... No acabo de sentirme bien» al «¡No sé cómo, pero llevo tiempo sintiéndome estupendamente!». No te preocupes. Hoy siempre serás más joven que mañana. Puedes cambiar tu cuerpo. Y también tu vida.

ÍNDICE

PARTE 3
CAMINAR SIN CANSARSE

PARTE 4
SENTARSE SIN CANSARSE

PARTE 5
TRABAJAR EN LA COMPUTADORA SIN CANSARSE

PARTE 6
DESPLAZARTE SIN CANSARSE

PARTE 7
LLEVAR PESO SIN CANSARSE

PARTE 8
REALIZAR TAREAS COTIDIANAS SIN CANSARSE

PARTE 9
DESCANSAR Y DORMIR SIN CANSARSE

PARTE 10
VIVIR SIN CANSARSE

¿Te sientas así?

- Tienes las piernas cruzadas.

- Te apoyas en la silla.

- Pasas mucho tiempo adelante de la computadora.

- Redondeas la espalda.

¿Caminas así?

- Caminas con los pies hacia adentro.

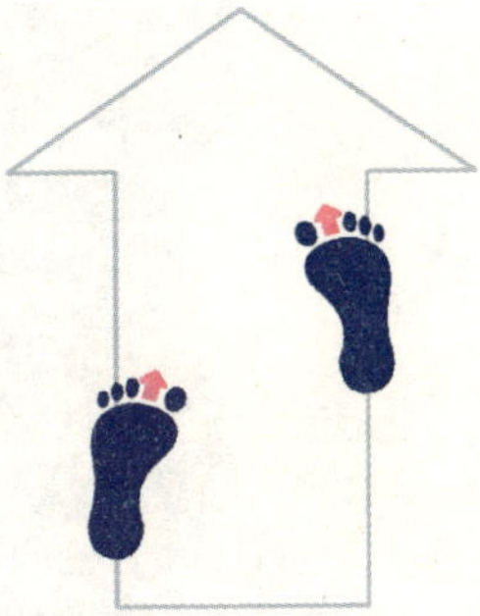

- Caminas con los pies hacia afuera.

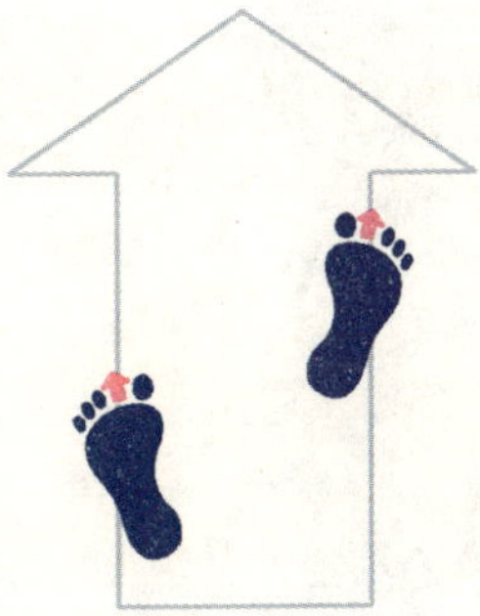

- Subes las escaleras mirando hacia abajo.

- Caminas mirando el celular.

Usando así tu cuerpo solo conseguirás...

Te sientes pesimista y sin ánimo.

No puedes dormir bien a pesar de estar cansada.

Te duelen los hombros, la lumbar y la cabeza.

Te resfrías más fácilmente.

¡... sentir más y más **molestias**!

Te duele el estómago.

Te agotas hagas lo que hagas.

Tienes la vista cansada.

Y eso es porque...

¡tus **nervios** y la **forma de usar tu cuerpo** están **estrechamente relacionados**!

Por dentro de la columna vertebral circula una red de nervios conectados con el cerebro.

Estos nervios se ramifican para conectar la columna vertebral con el estómago, los intestinos, el corazón, los pulmones, el hígado, los ojos y, en definitiva, todas las partes del cuerpo.

Utilizando tu cuerpo de forma incorrecta día tras día sobrecargas la espina dorsal, lo cual oprime los nervios que circulan por su interior y esto impide que transmitan las señales al resto del cuerpo como es debido.

Si se trata de una situación temporal no pasa nada, pero si esta condición se alarga mucho tiempo, las partes del cuerpo con las que están conectadas dichos nervios se verán afectadas y entonces es cuando empezarás a notar las molestias.

Aunque no lo parezca, es muy posible que la causa de tu cansancio y malestar esté directamente relacionada con la forma de utilizar tu cuerpo.

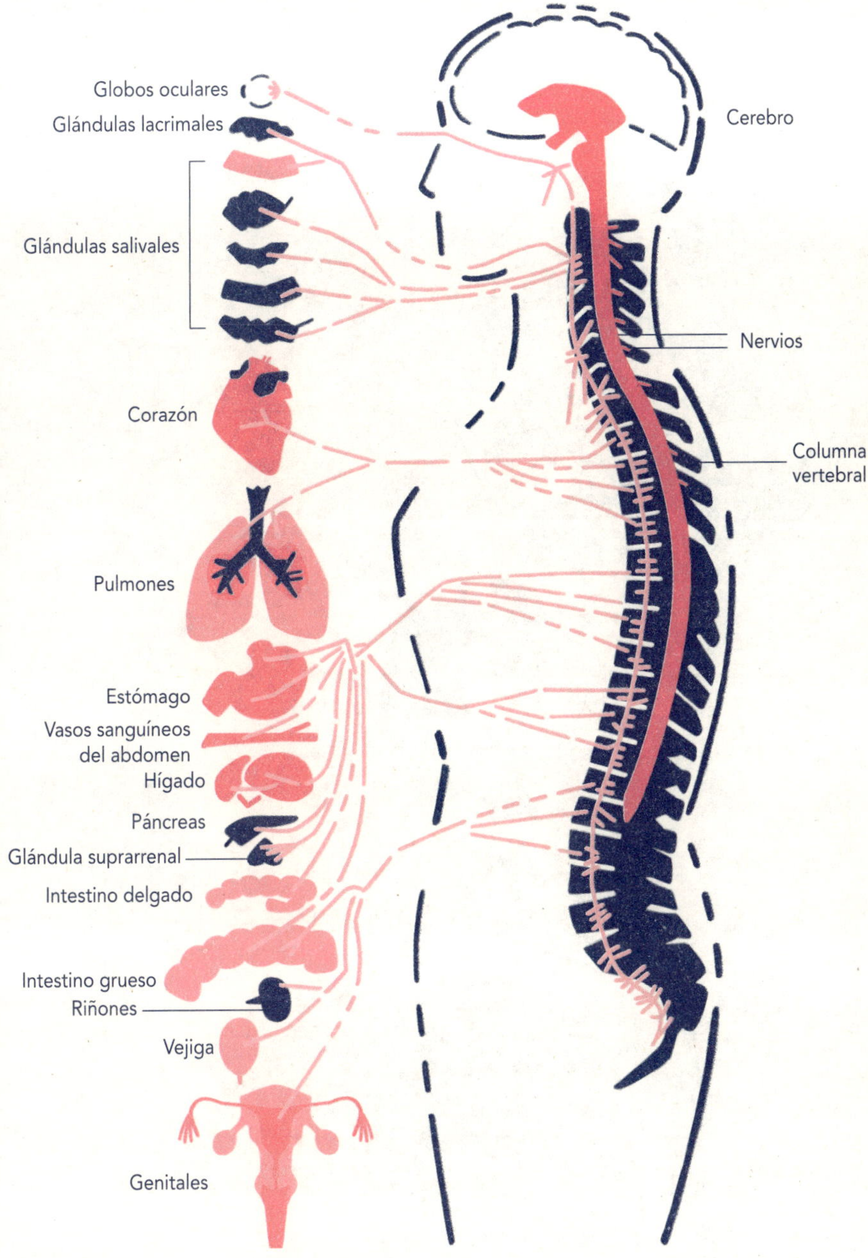
Globos oculares
Glándulas lacrimales
Glándulas salivales
Corazón
Pulmones
Estómago
Vasos sanguíneos
del abdomen
Hígado
Páncreas
Glándula suprarrenal
Intestino delgado
Intestino grueso
Riñones
Vejiga
Genitales
Cerebro
Nervios
Columna
vertebral

Usando tu cuerpo de la forma correcta...

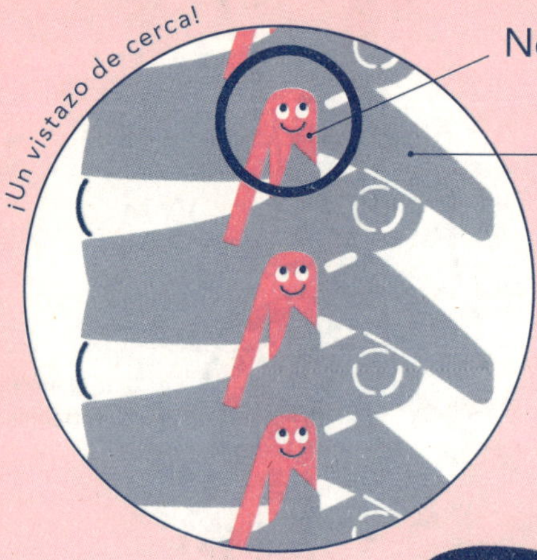

¡Tus nervios tienen espacio suficient para circular!

✓

He aquí la forma correcta de sentarte. ¡Las señales que emiten los nervios llegan a cada parte de tu cuerpo sin ningún obstáculo y el cansancio desaparece!

Usando tu cuerpo de la forma incorrecta...

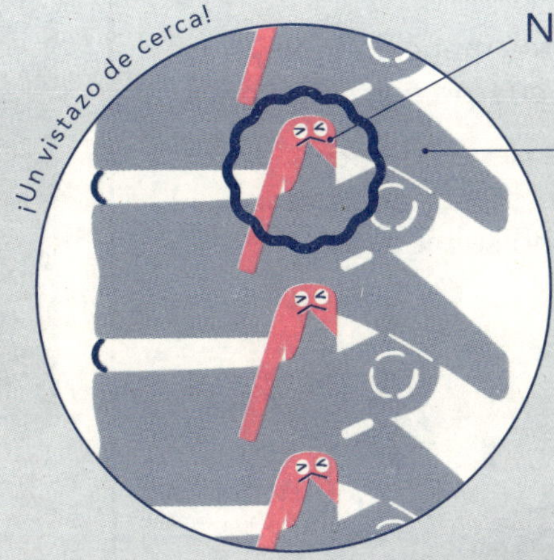

¡Tus nervios no tienen espacio suficient para circular!

He aquí una forma incorrecta de sentarte. Los nervios no pueden transmitir las señales al resto del cuerpo como deberían y te notas cada vez más cansada...

COMPROBACIÓN 1

Ponte de pie con la espalda junto a la pared. ¿Llegas a tocar con los cinco puntos del dibujo? ¿Puedes pasar una mano entre la lumbar y la pared?

- Tocas la pared con los cinco puntos mencionados y puedes pasar una mano ➡ Usas tu cuerpo correctamente.
- No tocas la pared con uno o más de los puntos mencionados ➡ Usas mal tu cuerpo demasiado tiempo. Hay músculos y articulaciones que no se mueven correctamente.
- Puedes pasar dos o más manos ➡ Algunos músculos no se mueven. La zona alrededor de la articulación coxal en especial está perdiendo flexibilidad

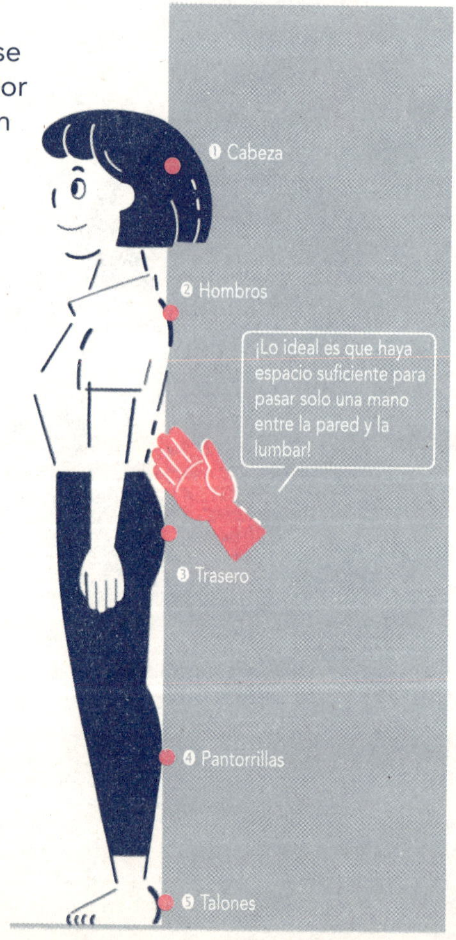

COMPROBACIÓN
2

¿Puedes aguantar sesenta segundos de pie con una sola pierna? ¿Y treinta segundos cerrando los ojos?

***No pasa nada si tienes que apoyar la pierna un máximo de dos veces mientras lo intentas.**

■ Aguantas de pie ➡ Usas tu cuerpo correctamente.

■ No aguantas de pie ➡ Tienes poco sentido del equilibrio y musculatura. La fuerza muscular y el tacto de tus piernas se está deteriorando.

Fuente: Fisioterapia 19(3): 245-249, 2004

COMPROBACIÓN 3 ¿Estando sentada, puedes levantarte con una sola pierna?

■ Puedes levantarte ➡ Usas tu cuerpo correctamente. Tus piernas, en particular los muslos, cuentan con la fuerza muscular apropiada.

■ No puedes levantarte o, cuando lo intentas, te tambaleas ➡ La masa muscular que soporta el peso de tu cuerpo es insuficiente, en especial en las piernas.

Levanta una pierna, la izquierda o la derecha, y luego ponte de pie utilizando solo la otra.

Aguanta de pie tres segundos con la otra pierna todavía estirada.

Fuente: Test de locomoción de la Asociación Japonesa de Ortopedia (Corporación pública)

¿Qué tal de momento? Ahora ya sabes que el malestar está estrechamente relacionado con la forma de utilizar tu cuerpo. Mi objetivo con este libro es enseñarte a utilizarlo correctamente para que te olvides de las molestias y el cansancio. Aunque hemos empezado con tres acciones básicas (levantarse, caminar y sentarse), también hablaremos de movimientos y posturas cotidianas que haces cuando trabajas y cuando descansas. Así pues, en vez de seguir estrictamente el mismo orden de los capítulos, te recomiendo que empieces por los que crees que puedes realizar. Pronto verás que, a medida que aprendes a usar tu cuerpo, te irás sintiendo cada vez mejor.

Si aprendes a usar tu cuerpo correctamente...

- Siempre te sentirás bien, en plena forma.
- Te cansarás menos.
- Los hombros y la lumbar te dolerán menos.
- Tendrás más energía.
- Adelgazarás y te sentirás más ligera.
- Tendrás menos problemas ginecológicos.
- Tendrás una piel más sana.
- Te entrarán ganas de hacer ejercicio.
- Usarás tu cuerpo de forma eficiente
- Te librarás de la pereza que te invade los fines de semana
- ¡Tu vida será más agradable!

Un regalo para ti, que estás **agotada**

Cuando no quieras hacer absolutamente nada, estira la espalda

Tu cuerpo recuperará la postura natural solo con el simple gesto de estirar la espalda poniéndote de puntitas. Esta es la base para usar tu cuerpo de la forma correcta. Cuando estés tan cansada que ni siquiera tengas ganas de pasar las páginas del libro... prueba solo a estirar la espalda.

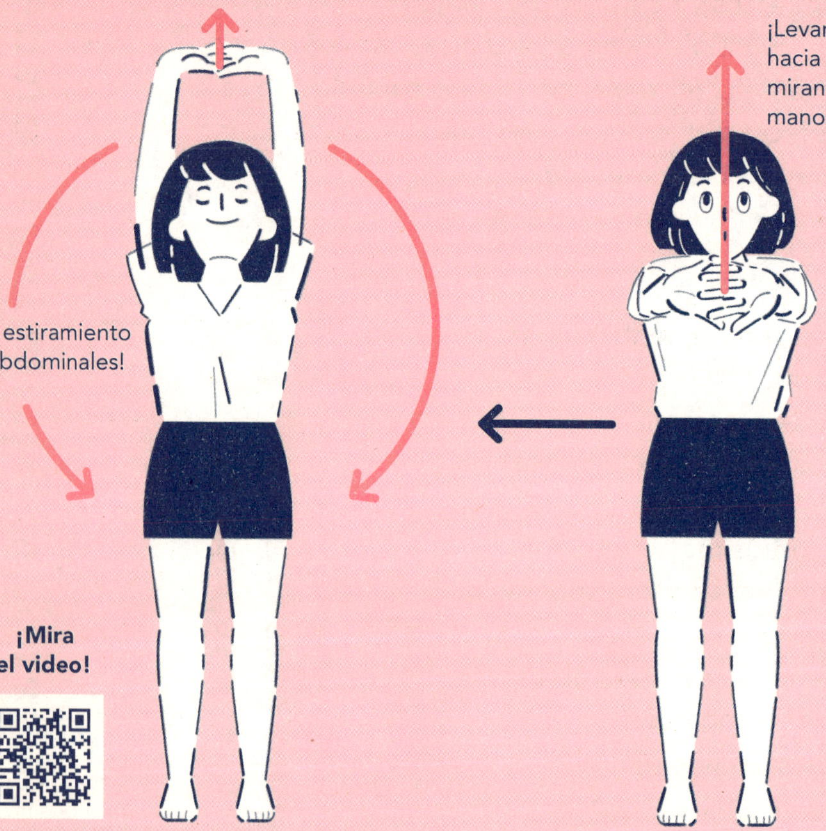

¡Mira el video!

1 Abre las piernas al ancho de los hombros y entrelaza los dedos adelante del pecho. Luego levanta los brazos y la cara sin dejar de mirar el dorso de las manos.

2 Voltea hacia adelante y estira todo el cuerpo de arriba abajo. Luego baja los brazos dibujando un círculo lo más grande posible.

Ayudando al cuerpo a recuperar la postura correcta enseguida te notarás un poco más ágil. Cuando te sientas cansada o notes que tienes una mala postura, prueba a estirar la espalda. Estoy seguro de que notarás el cambio.

PARTE
1

Respirar sin cansarse

PARTE 1

Respirar sin cansarse

No te cansarás...

Si respiras hondo una vez al día

Te cansarás...

Si te olvidas de respirar

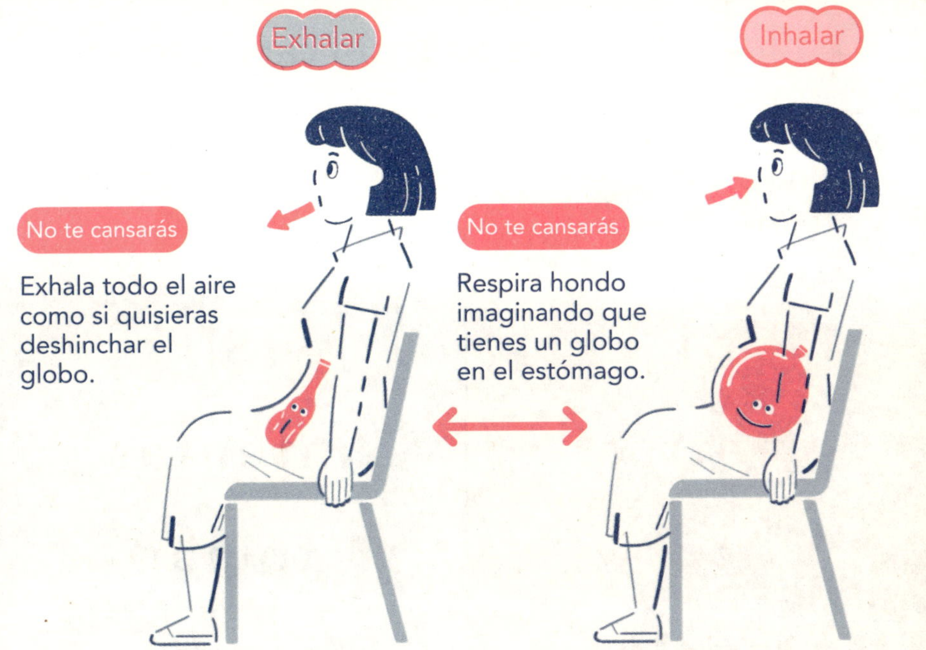

Respirar con el pecho cansa más

Es fácil relajar el cuerpo respirando a través de la nariz porque el aire llega hasta el abdomen. Sin embargo, cuando respiras a través de la boca, el aire se queda a medio camino, en el pecho, te cuesta más relajar los hombros y la espalda y la respiración se vuelve superficial. Una respiración demasiado superficial impide que el cuerpo reciba el oxígeno que necesita y, como consecuencia, te sientes más cansada.

El diafragma solo se mueve como es debido cuando respiramos profundamente

El diafragma es un músculo que utilizamos para respirar. Se mueve en sincronía con los pulmones.

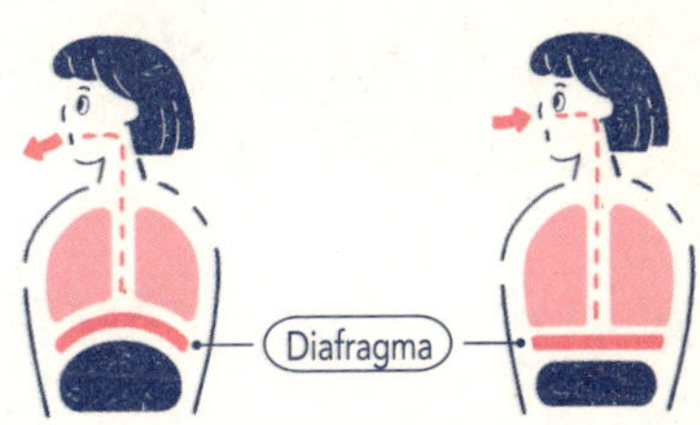

Al exhalar, sube.

Al inhalar, baja.

¡Anota!

Mejorar el estado físico con la respiración

Respirar es imprescindible para vivir. Aunque el cerebro se encargue de hacerlo de forma inconsciente, también puedes controlar la respiración a voluntad. Centrar la atención en la respiración es el primer paso para mejorar tu estado físico.

PARTE 1

Respirar sin cansarse

No te cansarás...	Te cansarás...
Si centras tu atención en la exhalación	Si intentas tomar mucho aire al inhalar

Alargando la exhalación, regulamos el sistema nervioso autónomo

Hoy en día, las personas tenemos tendencia a utilizar únicamente el sistema nervioso simpático, que está en continua tensión, lo cual provoca un desajuste en el sistema nervioso autónomo. Alargando la exhalación, activamos los nervios parasimpáticos, que se encargan de relajar tanto el cuerpo como la mente y regulan el equilibrio en el sistema nervioso autónomo.

¡El equilibrio en el sistema nervioso autónomo es primordial!

Alargar la exhalación nos ayudará a tomar más aire

Para inhalar el máximo de aire fresco posible, primero debes alargar la exhalación. Siete segundos es más de lo que suele durar una exhalación cuando duermes o estás relajada.

No te cansarás

Al centrar la atención en la exhalación, la respiración se vuelve profunda de forma natural.

No te cansarás

Cuando estés cansada, cierra un poco los labios y alarga la exhalación hasta siete segundos.

¡Anota!

Primero exhalamos y luego inhalamos

Lo primero que hacen los bebés al nacer es soltar todo el aire con un llanto. Luego, y solo después de llorar, inhalan por primera vez para seguir respirando toda su vida. Por eso el orden correcto no es inhalar y exhalar, sino exhalar e inhalar. Es muy importante que entiendas que exhalar adecuadamente es fundamental.

PARTE 1

Respirar sin cansarse

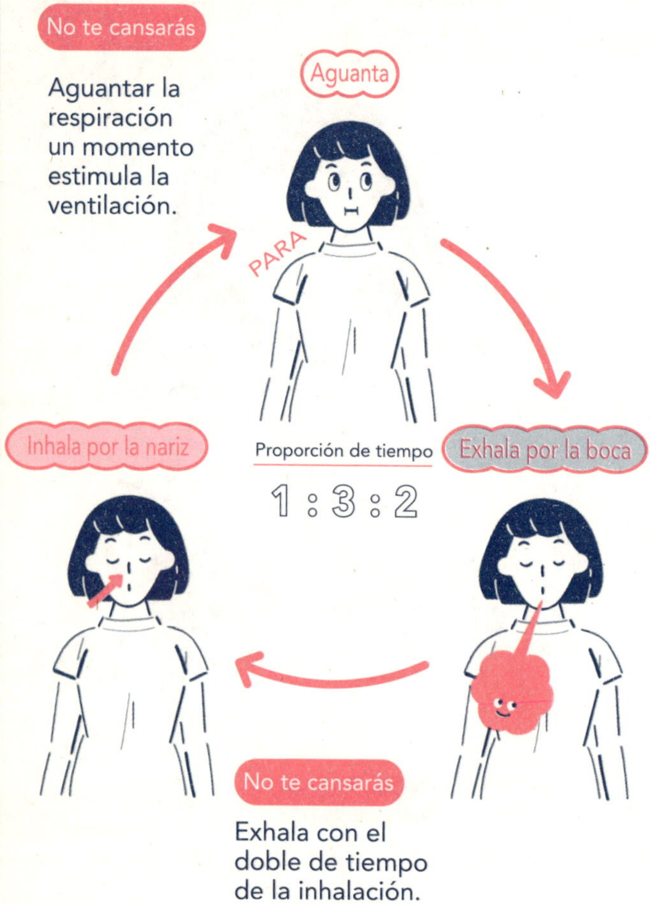

Te cansarás...

Si respiras demasiado rápido

¡Siéntete mejor respirando incluso más hondo que en una respiración profunda!

La proporción adecuada del tiempo que debemos invertir inhalando, reteniendo el aire y exhalando es de 1:3:2, respectivamente. Por ejemplo, si inhalamos en cinco segundos, debemos retener el aire unos quince y luego exhalar en diez. Para empezar, puedes probar con tres, nueve y seis. Repitiendo este ejercicio dos veces estimularás la ventilación de los pulmones más que en una respiración profunda normal.

PARTE
2

Estar de pie sin cansarse

PARTE 2

Estar de pie sin cansarse

No te cansarás...	Te cansarás...
Si tienes la espalda recta	Si no tienes la espalda recta

¿¡Tu cuerpo se está torciendo!?

No tocar la pared con alguno de los cinco puntos puede ser una señal de que tu cuerpo se está torciendo. Hoy en día son muchas las personas que no tocan o bien con los hombros o con las pantorrillas.

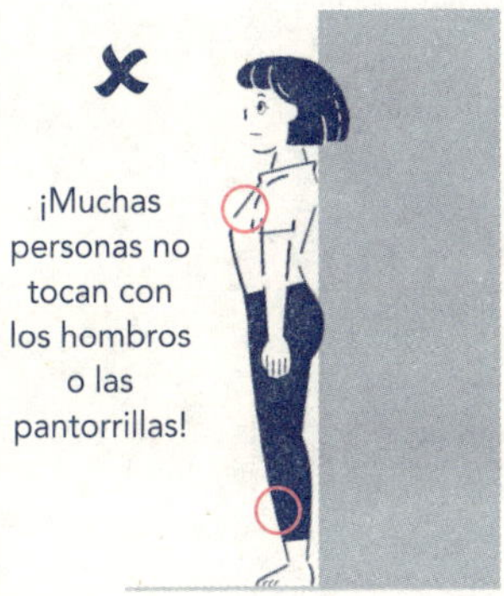

Lo ideal es pasar solo una mano entre la pared y la lumbar

Si entre tu lumbar y la pared se forma un hueco lo suficientemente ancho com para pasar dos manos o más, significa que tu lumbar est demasiado arqueada. Esto podría provocarte dolor en la espalda baja, así que es importante que le prestes atención. Las mujeres tienen tendencia a arquear demasiado la lumbar.

No te cansarás

Tocas con los cinco puntos a la pared.

No te cansarás

Apoya la espalda en la pared una vez a la semana para comprobarlo.

¡Anota!

Saca una foto de tu silueta

Aunque creas que tu postura es correcta, puede que en realidad no lo sea. Revisar tu propio perfil quizá resulte un poco complicado. Por eso, te recomiendo que le pidas a alguien que te saque una foto.

PARTE 2

Estar de pie sin cansarse

No te cansarás...

Si yergues la espalda como si jalaran de atrás de tus orejas hacia arriba

¡Cuando imagino que jalan de mis orejas, mi postura cambia automáticamente!

Te cansarás...

Si redondeas la espalda cuando estás de pie

No son las orejas, sino el hueso que hay atrás

En lo que quiero que te fijes no es en las orejas, sino en el hueso que encontrarás justo un centímetro atrás (mastoides). Esta diferencia de un centímetro es muy importante para conseguir la postura correcta.

Mantener una buena postura corporal sin esfuerzo

Al levantar este hueso, tu cuerpo hará los tres movimientos descritos a continuación y el centro de gravedad se trasladará sin esfuerzo. Así la columna vertebral recuperará la curvatura en forma de ese que le corresponde y la carga que tendrá que soportar tu cuerpo será mucho menor.

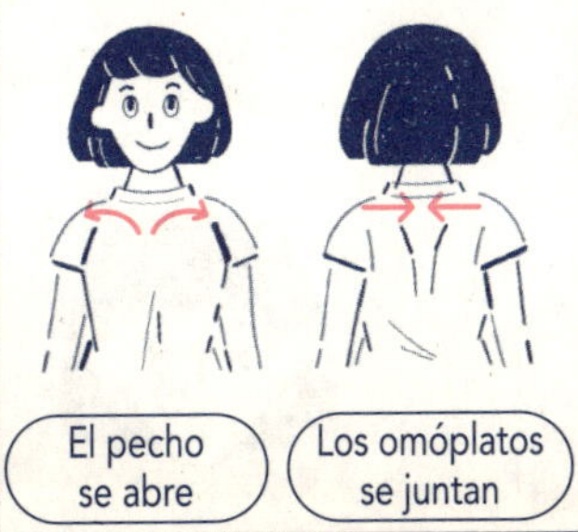

No te cansarás

Intenta jalar del hueso saliente que hay atrás de tus orejas hacia arriba.

No te cansarás

Imagina que te están midiendo la altura.

¡Anota!

Cualquier momento es bueno para acordarte de tus orejas

Tanto si estás de pie como caminando, corriendo o trabajando sentada... Cualquier momento es bueno para llevar la atención a tus orejas y levantar el hueso que se esconde atrás. Verás que, si lo haces a menudo, recuperarás la buena postura corporal sin darte cuenta y te sentirás mejor.

PARTE 2

Estar de pie sin cansarse

No te cansarás

Si aprietas el abdomen y si mantienes la lumbar recta cuando estás de pie

Te cansarás...

Si arqueas la lumbar cuando estás de pie

¿La causa está en la curvatura de la lumbar?

Si permites que tu trasero sobresalga demasiado cuando estás de pie o sentada, los músculos alrededor del vientre no trabajarán lo suficient y la lumbar se arqueará con facilidad. Esto podría causarte mucho malestar, empezando por dolor en la espalda baja, así que conviene que le prestes la atención que se merece.

Problemas derivados de arquear la lumbar

- Dolor lumbar
- Rigidez de hombros y espalda
- Piernas hinchadas
- Prolapso de órganos internos
- Vientre saliente

El truco de las orejas también funciona para no arquear la lumbar

El método de levantar el hueso de atrás de las orejas que hemos visto en la página 33 también te será útil para no sacar el vientre y trabajar la musculatura del tronco. Procura pensar siempre en esta sensación de que algo jala hacia arriba desde atrás de tus orejas y verás cómo dejas de arquear la lumbar sin ningún esfuerzo.

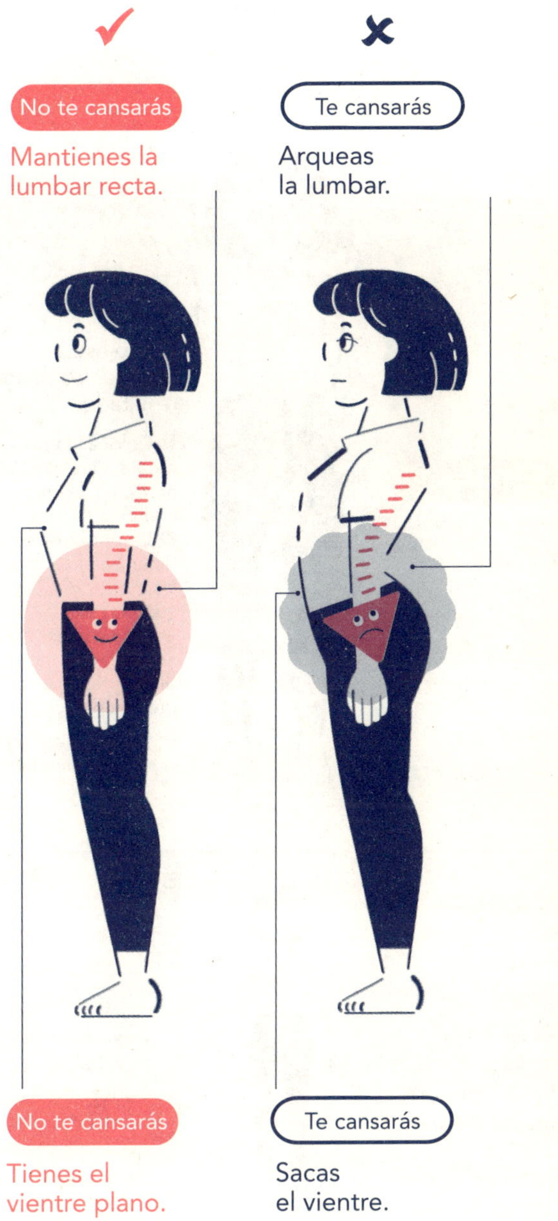

PARTE 2

Estar de pie sin cansarse

No te cansarás

Entrecruza los dedos de las manos y alarga la espalda todo lo que puedas con las palmas apuntando al techo.

No te cansarás

Coloca los pies en paralelo y al ancho de los hombros. Los dedos de los pies deben apuntar hacia adelante.

Cómo estirar para obtener los mejores resultados

❶ Coloca los pies en paralelo y al ancho de los hombros. Entrecruza las manos adelante del pecho.
❷ Levanta brazos y cara sin dejar de mirar el dorso de las manos y estira todo el cuerpo.
❸ Voltea la cara hacia adelante y baja los brazos dibujando un círculo lo más grande posible.

*Consulta la pág. 144 para una explicación más detallada.

No te cansarás...

Si, en cuanto te das cuenta, alargas la espalda

Para estirar la espalda, necesitas la fuerza del bajo vientre

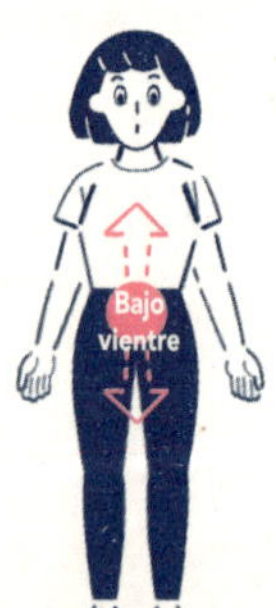

Al estirar la espalda, notarás la fuerza irrumpiendo en la zona de debajo del ombligo. Este es el punto donde se acumula la energía, el llamado bajo vientre. Recordar la sensación de la fuerza en esa zona después de bajar los brazos te ayudará a mantener la postura correcta.

¡Anota!

No dudes en estirar la espalda cuando te sientas cansada

Estirar la espalda te ayudará a colocar cada parte de tu cuerpo en la posición correcta y a sentirte de buen humor. Cuando notes que estás cansada de estar de pie o que has perdido la buena postura, no lo dudes: estira la espalda de inmediato.

PARTE 2

Estar de pie sin cansarse

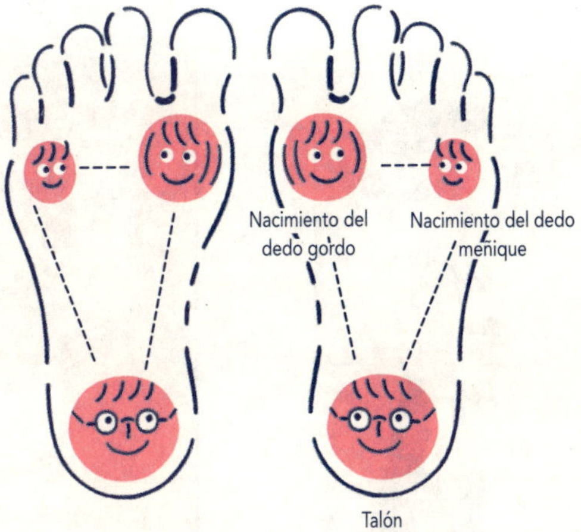

No te cansarás

Eres consciente de los tres puntos. Traspasas un poco de peso a los talones para estabilizarte.

Si te cuesta sentir los tres puntos, levanta los dedos del pie

Levanta primero los cinco dedos del pie a la vez y baja solo el dedo gordo. Luego baja los otros. Enseguida notarás dónde están los tres puntos.

¡Anota!

¿Piernas cansadas? ¡Fíjate en los pies!

Si el centro de gravedad se apoya más en uno de los tres puntos que en los otros, tu cuerpo se sentirá inestable cuando estés de pie. Esto hará que se te cansen más las piernas e incluso podrías acabar torciendo la espalda y sintiendo dolor.

No te cansarás...

Si eres consciente de los tres puntos en las plantas de los pies

PARTE 2

Estar de pie sin cansarse

No te cansarás

Da un paso hacia adelante con una pierna y apoya el peso en ella.

No te cansarás

Levanta la mano y nota cómo se estira todo el cuerpo al apoyar el talón de la pierna de atrás en el piso.

No te cansarás

La ingle se estira.

¡Descansar sin moverte hará que te canses más!

Estar mucho tiempo de pie puede bloquear la sangre que circula por la arteria de la ingle, por eso al cabo de un rato te sientes cansada o pesada. Cuando quieras descansar de las tareas de pie, en lugar de quedarte quieta sentada, aprovecha para mover con fuerza la ingle y estimular otra vez la circulación. Verás qué pronto se te va el cansancio.

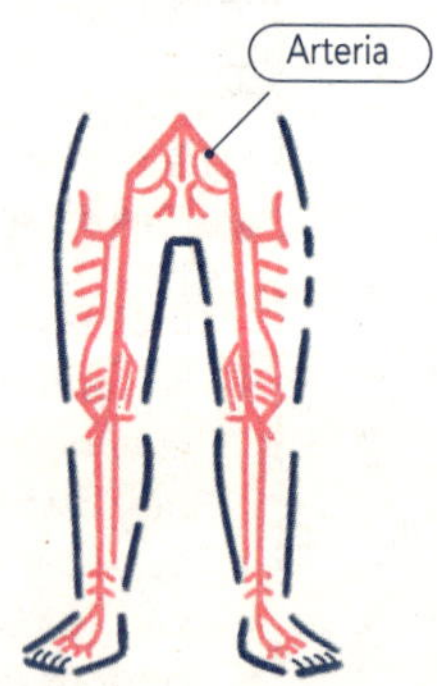

No te cansarás...

Si cuando tengas que trabajar mucho rato de pie, mueves la ingle

¡Un gesto natural que puedes hacer en cualquier momento! ♪

PARTE 2

Estar de pie sin cansarse

No te cansarás

Mueve con ganas los dedos de los pies adentro de los zapatos.

No te cansarás

Este movimiento también te ayudará a estirar las pantorrillas y te cansarás mucho menos a nivel general.

No te cansarás...

Si estiras los dedos de los pies adentro de los zapatos

Ponerte de puntitas en los ratos libres también funciona

- Cepillándote los dientes.
- Lavando los platos.
- Haciendo fila
- Hablando por teléfono.

Desentumecer los gemelos reduce el cansancio en las piernas

Los gemelos, también considerados el segundo corazón del cuerpo, trabajan como una bomba que envía la sangre acumulada en el tronco inferior de nuevo al corazón. Por lo tanto, si estos se entumecen y el riego sanguíneo se ralentiza, la circulación de todo el cuerpo se verá comprometida y te sentirás cada vez más cansada. Ten esto muy presente y desentumece tus piernas para prevenir la fatiga.

PARTE 2

Estar de pie sin cansarse

Sé consciente del dedo meñique

Quizá por influenci de los zapatos, muchas personas, en especial las mujeres, tienen tendencia a ir perdiendo la fuerza muscular del dedo meñique del pie. El hecho de que se vaya encogiendo y cambie de forma es la prueba de que no lo utilizamos. Asegúrate de transmitir al dedo meñique la misma fuerza que a los demás en cada paso.

Usa calcetines de cinco dedos

Llevar calcetines de cinco dedos es casi como ir descalzo, por eso te cansarás menos. Mover los dedos libremente te ayudará a pisar el piso con firmeza y caminará mejor.

Las uñas de los pies revelan nuestro cansancio

Cuando estamos cansados, tendemos a descuidar los pies. Si tienes las uñas demasiado largas, pregúntate si no estarás demasiado cansada, tanto física como mentalmente.

Estimulación con una pelota de golf

Cuando te notes los pies cansados, hazte un ligero masaje en las plantas con una pelota de golf para aliviar la fatiga. Esto reforzará también el tacto en las plantas de los pies, lo cual te ayudará a mantener una buena postura. Si no tienes una pelota de golf, puedes usar cualquier cosa que sea dura y que no te rasgue la piel.

PARTE
3

Caminar sin cansarse

PARTE 3

Caminar sin cansarse

No te cansarás...

Si caminas como si las piernas nacieran de la boca de tu estómago

Te cansarás...

Si solo caminas con las piernas

Levanta la cabeza desde atrás de las orejas mientras camines

Si notas que has perdido la buena postura, ¡acuérdate de tus orejas! (Ver la pág. 33)

Notarás que estiras la espalda automáticamente.

¿El nacimiento de las piernas no está en la ingle?

En realidad, las piernas nacen de la columna vertebral, a la que están unidas mediante un músculo del tronco llamado iliopsoas que jala de ellas hacia arriba. Por esta razón, caminar pensando en mover las piernas desde la boca del estómago te ayudará a sacar el máximo partido de toda la fuerza originaria de los miembros.

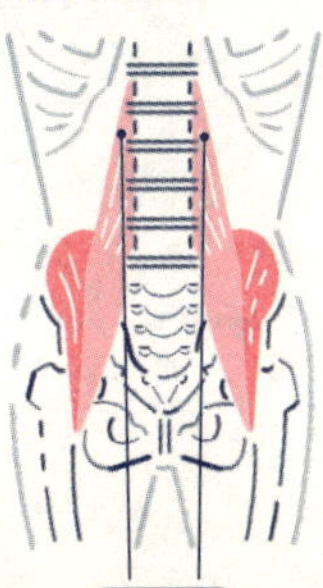

¡Las piernas empiezan aquí!

No te cansarás

Levanta los huesos de atrás de las orejas también cuando camines.

No te cansarás

Mueve las piernas desde la boca del estómago.

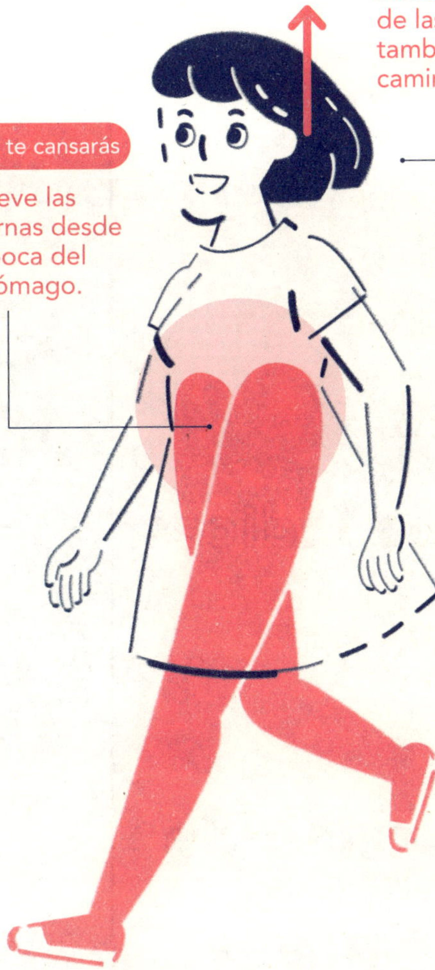

¡Anota! Los humanos somos los seres vivos con mayor resistencia

Dicen que, comparados con otros animales, los humanos podemos aguantar mucho más tiempo caminando y recorrer largas distancias. Según parece, fue la capacidad de sostenernos sobre dos patas lo que nos permitió aprender a caminar desplazando una pierna adelante de la otra armoniosamente. Luego, con el tiempo, fuimos desarrollando esta resistencia mientras perseguíamos a nuestras presas.

PARTE 3

Caminar sin cansarse

No te cansarás...

Si caminas con los **dedos índices** apuntando en la **dirección de tus pasos**

¡Dicen que le hace a una las piernas más bonitas!

Te cansarás...

Si caminas con los pies **hacia afuera** o **hacia adentro**

Los dedos índices deben ir en paralelo

Se trata de que sean los dedos índices, y no los gordos, los que apunten rectos hacia adelante y en paralelo un pie del otro. Quizá algunas personas sientan que están caminando con los pies demasiado hacia adentro, pero es la forma correcta.

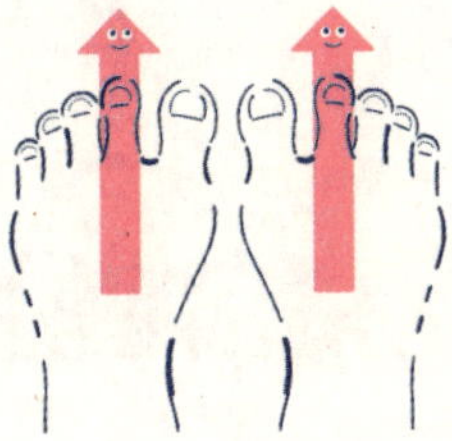

La suela de los zapatos siempre dice la verdad

Si ves que la suela de un zapato, ya sea el izquierdo o el derecho, está más desgastada que la del otro, significa que n caminas correctamente. Solo a las personas que sí caminen bien se les desgastará la parte central, allí donde nacen los dedos de los pies. A partir de ahora, fíjate en las suelas de tus zapatos para tener mejor consciencia de tu forma de caminar.

Lo ideal es que esta zona esté desgastada.

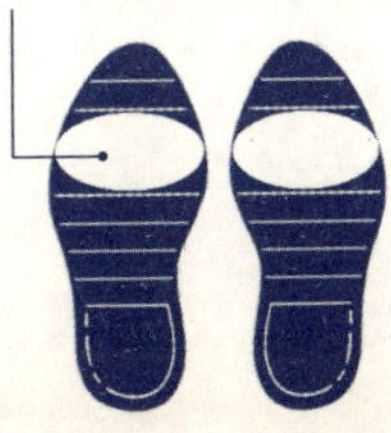

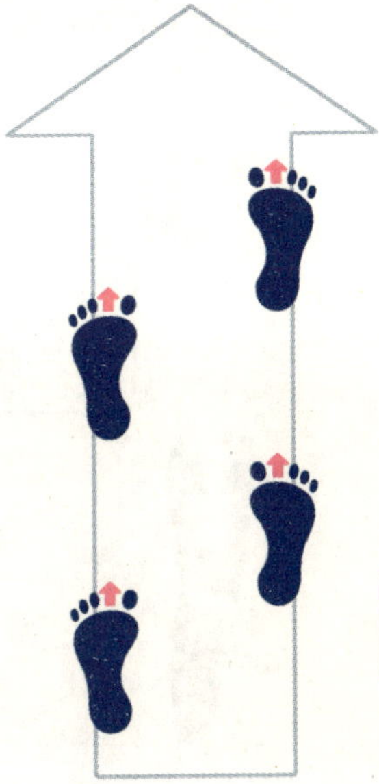

✓

No te cansarás

Caminas con los dedos índices de los pies apuntando en la misma dirección que caminas.

¡No los dedos gordos, sino los índices!

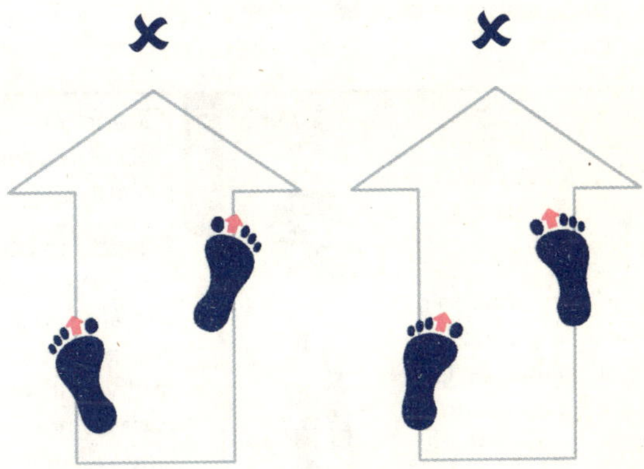

Te cansarás

Caminar con los pies hacia afuera o hacia adentro puede provocar dolor en las rodillas o cansancio en los muslos.

PARTE 3

Caminar sin cansarse

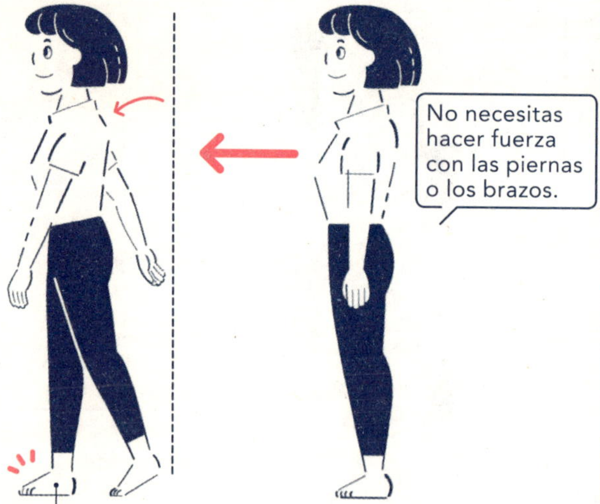

No te cansarás

Tu pierna se moverá sola hacia adelante para impedir que te caigas.

No te cansarás

Inclínate un poco hacia adelante manteniendo la espalda recta.

No te cansarás

Si, al caminar, inclinas el tronco superior hacia adelante

Te cansas porque intentas caminar con la fuerza de las piernas

Cuando caminas solo usando las piernas, te fuerzas más de la cuenta y por eso te cansas. Si tu postura es correcta, solo con inclinar un poco el tronco hacia adelante las piernas se moverán de forma natural sin esfuerzos innecesarios.

¡Anota!

¡Cuando te detengas, revisa tu postura!

Cuando te pares adelante de un semáforo o por cualquier otro motivo, aprovecha para comprobar que sigues caminando con la espalda recta y el vientre plano. Acuérdate de levantar la cabeza jalando de la parte posterior de tus orejas (ver pág. 33) y corrige tu postura para continuar caminando sin cansarte.

PARTE 3

Caminar sin cansarse

No te cansarás...

Si caminas mirando en la dirección a la que te diriges

No te cansarás

Si levantas la mirada para concentrarla en la dirección en la que quieres avanzar, tu postura se corregirá de forma natural.

Caminar cabizbaja inutiliza tu abdomen

Es fácil curvar la espalda si caminas cabizbaja, lo cual limitará también la fuerza de tu abdomen. Como consecuencia, el centro de gravedad descenderá y te pesarán más las piernas, lo cual hará que te canses más fácilmente. Cuando camines, aparta los ojos del teléfono, levanta la cara y mira recto hacia adelante.

PARTE 3

Caminar sin cansarse

En la oficin

De camino

No te cansarás

En la oficina llevas unos zapatos que no te aprietan los dedos.

No te cansarás

Vas al trabajo con unos zapatos de suela blanda.

Las suelas blandas cansan menos

Lo más importante es que las suelas de los zapatos sean lo suficientement blandas como para que las plantas de los pies puedan doblarse al caminar, y también que en la parte de adelante haya suficient espacio para que los dedos puedan moverse. Procura también que no pesen demasiado. De ser posible, unos tenis son la mejor opción.

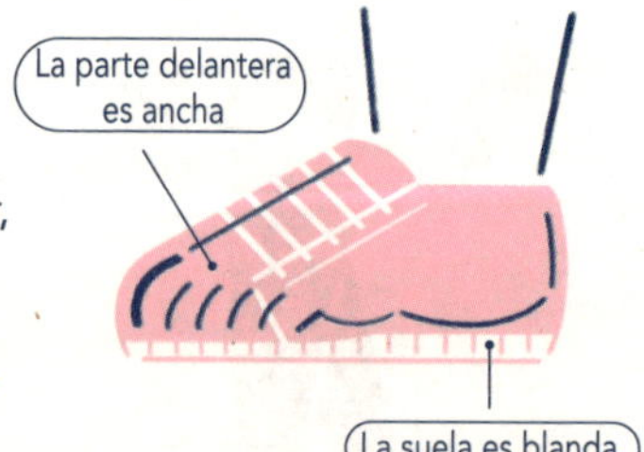

No te cansarás...

Si dispones de unos zapatos para ir al trabajo y para estar en la oficina

¡Es muy cómodo cuando tienes que correr al trabajo!

PARTE 3

Caminar sin cansarse

No te cansarás

Los que van atados a los tobillos son ideales.

No te cansarás

Si la base es ancha, los dedos no estarán apretados y podrán apoyarse bien en el piso.

Te cansarás

Entre el zapato y el dorso del pie hay espacio para pasar un dedo.

Te cansarás

Los zapatos acaban en punta y los dedos no tienen espacio.

Para llevar tacones es imprescindible tener fuerza en los dedos

Llevar tacones implica estar de puntitas todo el tiempo, así que cuanto más fuertes sean tus dedos, mejor. Te recomiendo que los ejercites abriéndolos y cerrándolos como un puño.

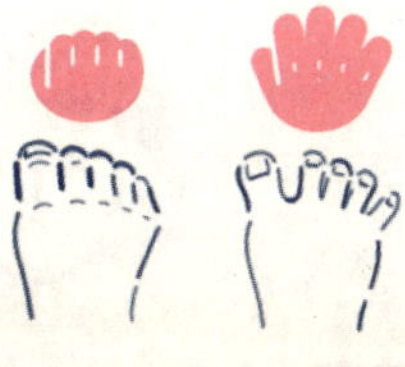

También es importante no redondear la espalda

Si quieres cansarte menos llevando tacones, no te fijes únicamente e las piernas; mantener una buena postura del tronco superior también te ayudará. Recuerda: siempre que quieras corregir tu postura, levanta la cabeza como si jalaran de atrás de tus orejas hacia arriba (ver pág. 33). Notarás que llevar tacones será menos cansado.

No te cansarás...

Si usas unos zapatos de tacón que te permitan hacer fuerza con los dedos de los pies

PARTE 3

Caminar sin cansarse

No te cansarás...

Si subes las **escaleras** levantando las piernas desde la **boca del estómago**

Te cansarás...

Si intentas subir las **escaleras solo con la fuerza de las piernas**

Si la boca del estómago no trabaja, los muslos se cansan

Si solo utilizas los músculos de los muslos para subir escaleras, enseguida notarás las piernas más pesadas y cansadas.

Si bajas la mirada, la espalda se redondea

Mirar el piso cuando subes escaleras es una tendencia habitual. Sin embargo, esto hace que tu espalda se redondee y, como consecuencia, resulta más complicado aprovecharse de la fuerza del centro. Para subir escaleras, lo mejor es levantar la cabeza y mirar al frente.

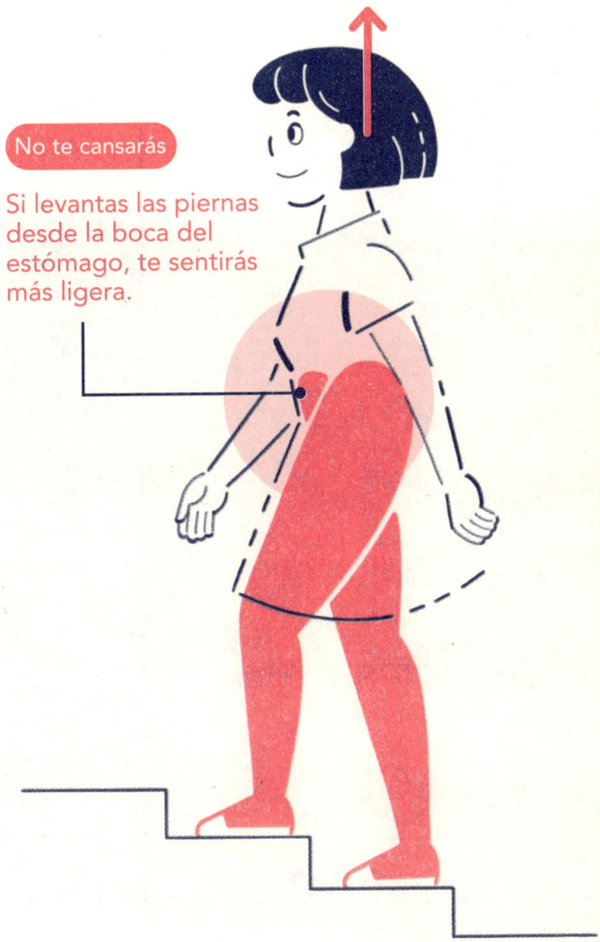

¡Anota!

Utilizando los músculos grandes te cansarás menos

En comparación con los músculos grandes, los pequeños se cansan más rápidamente. Así pues, si en vez de depender demasiado de los muslos te acostumbras a hacer fuerza con los abdominales, notarás que tardas más en cansarte.

PARTE 3

Caminar sin cansarse

No te cansarás...	Te cansarás...
Si corres sin esfuerzo, inclinando el cuerpo hacia adelante	Si intentas correr muy lejos haciendo fuerza a lo tonto

1 No te cansarás

Alarga la espalda.

2 No te cansarás

Inclina el tronco superior hacia adelante y, cuando parece que te vayas a caer, desplaza una pierna.

3 No te cansarás

Confía el peso de tu cuerpo a la fuerza de la gravedad, sin obligar a las piernas a hacer un esfuerzo innecesario.

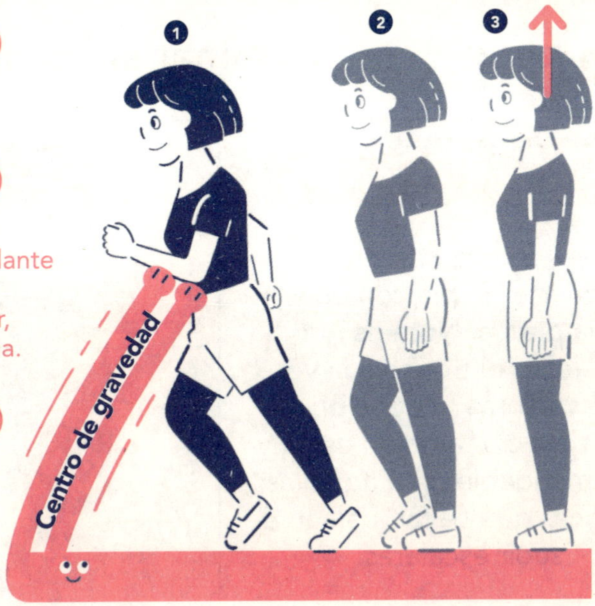

Con la fuerza de la gravedad como aliada correrás más ligera

Inclina el tronco superior hacia adelante y, cuando parezca que te vayas a caer, estira una pierna. Repite esta operación una y otra vez y verás que ambos pies flotan cuando cor es, es la base de cualquier corredor. Como estarás corriendo con el mínimo esfuerzo muscular, tardarás mucho más en cansarte.

Solo necesitas la fuerza del abdomen

Intentar hacer fuerza con cualquier otra parte del cuerpo solo te cansará más. Cuando corras, recuerda que solo necesitas la fuerza del abdomen. Tenemos tendencia a forzar demasiado las rodillas y los gemelos al correr y por eso quedamos agotados. Moderando nuestro esfuerzo, el impacto que recibirán las rodillas cada vez que los pies toquen el piso también será menor.

¡Anota!

Cuanto más inclines el tronco superior hacia adelante, más rápido correrás

La mayoría de las personas que se proponen correr a máxima velocidad golpean el piso con una pierna a la vez que se apuntalan con la otra, por eso se cansan enseguida. El secreto para correr más rápido es agudizar el ángulo de inclinación del tronco hacia adelante. Esto te ahorrará tener que usar la fuerza de las piernas, por lo que correrás más sin cansarte tanto.

PARTE 3

Caminar sin cansarse

Ponte de pie con una pierna

De vez en cuando, practica ponerte de pie con una sola pierna. Notarás que fortaleces el tronco a la vez que mejoras tu equilibrio. Este ejercicio también es muy recomendable para aquellas personas que se tambalean al subir escaleras.

Camina descalza

Prueba a caminar descalza de vez en cuando para experimentar la fuerza y el tacto en las plantas de los pies. También puedes probar a caminar descalza sobre la arena si vas a la playa.

Un ejercicio para principiantes

Caminar, o el famoso «*walking*», es un ejercicio muy ligero y fácil de empezar para aquellos que deseen acabar con el sedentarismo. Si quieres ir un poquito más allá, prueba a mover también los brazos desde el nacimiento de la clavícula.

Camina para no cansarte

Caminar estimula toda la zona de las caderas, lo cual también es muy bueno para los órganos internos. Además, el diafragma se vuelve más activo y respiramos mejor. Así pues, caminar es, en sí mismo, un ejercicio para mantenernos en buena forma.

PARTE

4

Sentarse sin cansarse

PARTE 4

Sentarse sin cansarse

No te cansarás...

Si te sientas con la espalda erguida

Te cansarás...

Si te sientas redondeando la espalda

No te cansarás

Siéntate con la espalda recta.

Estira la espalda antes de sentarte.

No te cansarás

Cuando notes que te cuesta erguir la espalda, estírate.

¡Tu espalda no debería ser una sierra!

Prueba a tocarte la columna vertebral mientras estás sentada. Si notas que las vértebras sobresalen como si de una sierra se tratara, es que estás curvando la espalda. Continuar mucho rato en esta postura dañará tus hombros y tu lumbar. Además, también estarás bloqueando los nervios que circulan por la espina dorsal, lo cual hará que te sientas en baja forma.

¡Anota!

¡Prohibido pasar demasiado tiempo sentada!

En realidad, el cuerpo humano no está diseñado para estar sentado. Este es el motivo por el que, después de pasar un rato en esta posición, te notas más pesada y cansada, pues esta acción es, en sí misma, una carga para el cuerpo. Por muy normal que sea actualmente pasar mucho tiempo sentados, deberías procurar reducirlo un poco.

PARTE 4

Sentarse sin cansarse

No te cansarás...	Te cansarás...
Si te sientas con los isquiones levantados	Si te sientas con los isquiones inclinados

¡Sentarse con los isquiones levantados cambia la postura de todo tu cuerpo!

Te cansarás

Sentarse con la espalda curvada y los isquiones mal apoyados sobrecarga la lumbar.

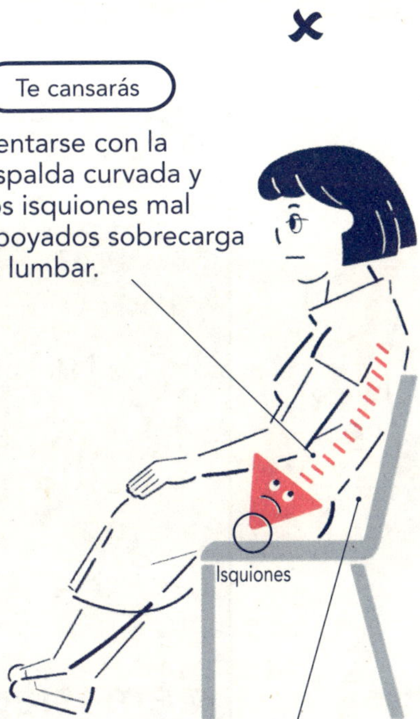

No te cansarás

Sentarse con la espalda recta y los isquiones levantados es lo mejor para la lumbar.

Te cansarás

Al apoyar la espalda en el respaldo, el trasero resbala hacia adelante y la lumbar sufre.

No te cansarás

Siéntate con el trasero bien apoyado y sin reclinar la espalda.

Los isquiones deben tocar la superficie del asiento

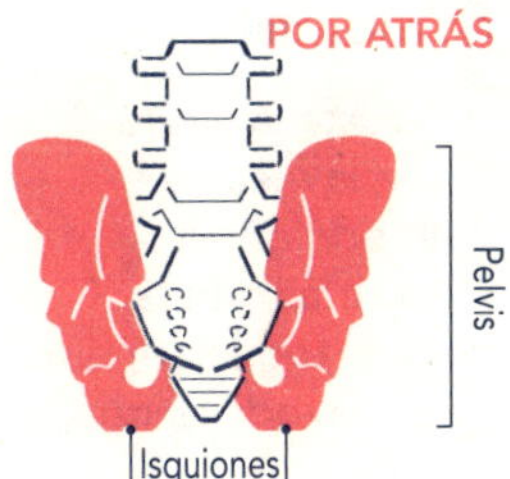

¡Siéntate con los isquiones levantados!

Los isquiones son dos huesos situados en la parte inferior de la pelvis. Notarás cómo sobresalen si introduces una mano por debajo del trasero cuando estás sentada. Tu espalda se erguirá automáticamente si, al sentarte, lo haces pensando en apoyar los isquiones en vertical sobre la superficie del asiento

¡Anota!

Con fuerza en el tronco superior, no necesitarás respaldo

Si te sientas correctamente, con los isquiones levantados, la fuerza fluirá por tu abdomen de forma natural y tu tronco se mantendrá derecho sin esfuerzo y sin precisar del apoyo de un respaldo. Considera el respaldo como un mero adorno de la silla.

PARTE 4

Sentarse sin cansarse

Te cansarás

Esta es una de las causas de la pesadez y la hinchazón.

Te cansarás

La parte trasera de los muslos soporta más presión y la circulación empeora.

Te cansarás...

Si tu silla es demasiado alta y tus pies no tocan el piso

Si ajustas tu reposapiés a la altura correcta, te cansarás menos

✔

Apoya completamente las plantas de los pies.

¡Anota!

¡Atención al ángulo de tus rodillas!

Ajusta la altura de la mesa de modo que las plantas de tus pies toquen el piso y tus rodillas queden dobladas en ángulo recto. Son dos cosas: plantas en el piso y rodillas en ángulo recto.

PARTE 4

Sentarse sin cansarse

No te cansarás

Siéntate en ángulo recto y con los isquiones levantados.

Cómo doblar la toalla

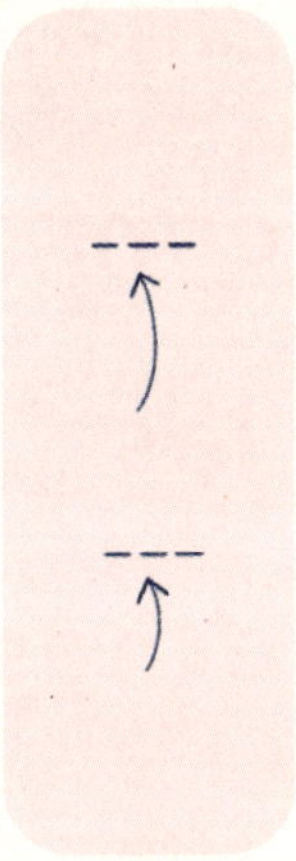

No te cansarás

Colocar una toalla en el asiento del coche o del autobús te ayudará. Hazlo también cuando el asiento sea muy duro y sentarse resulte doloroso.

De ser posible, inclina un poco el asiento hacia adelante

De tres a cinco grados

Inclinando el asiento hacia adelante, te será más fácil mantener los isquiones levantados.

¡Anota!

¿Las sillas modernas perjudican tu postura?

Muchas de las sillas tan elegantes que podemos ver en las cafeterías tienen el asiento inclinado hacia el respaldo, lo cual no solo perjudica tu postura, sino que hace que cueste más levantarse. Acuérdate de poner siempre una toalla, una bufanda o una chamarra debajo del trasero para que tus isquiones no se inclinen al sentarte.

No te cansarás...

Si colocas una toalla doblada debajo de tus isquiones

PARTE 4

Sentarse sin cansarse

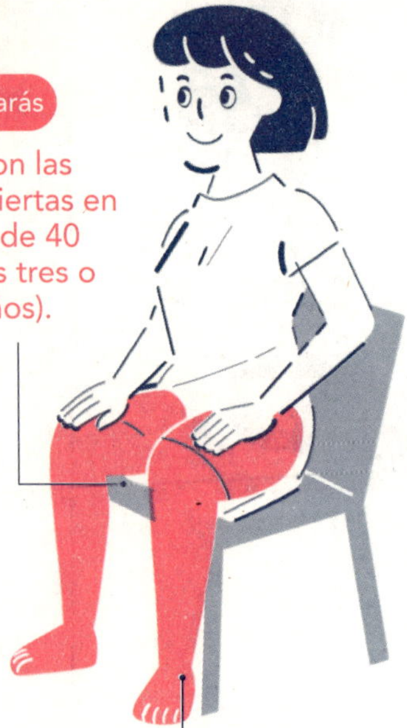

No te cansarás

Siéntate con las piernas abiertas en un ángulo de 40 a 50° (unos tres o cuatro puños).

No te cansarás

Los talones deben descansar justo debajo de tus rodillas.

No te cansarás...

Si te sientas con las piernas un poco abiertas

Cuando quieras cerrar las piernas, inclina los pies hacia un lado

Cuando quieras cerrar las piernas porque estás con más gente o en el autobús, estabiliza tu postura llevando los pies a un lado. Esto hará que tus piernas también parezcan más largas. Ve cambiando de lado de vez en cuando e intenta no estar sentada mucho tiempo seguido.

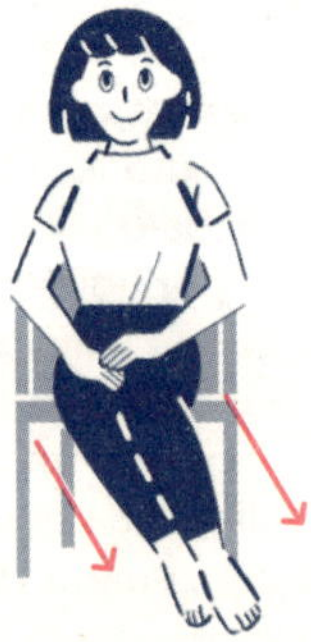

PARTE 4

Sentarse sin cansarse

Te cansarás

Redondear la espalda invita a cruzar las piernas. Con la espalda recta no se puede.

Te cansarás

He aquí el triángulo maldito. Este triángulo es la causa de tu dolor de lumbar, entre otras muchas afecciones.

Te cansarás...

Si tienes la costumbre de cruzar las piernas

No te dejes engañar por la sensación de bienestar al cruzar las piernas

Si te sientas con los isquiones torcidos es fácil que se forme una curvatura en la pelvis. Cruzar las piernas es un gesto instintivo para intentar corregir esta curvatura, lo cual, además, relaja tu abdomen, y por eso te sientes tan bien. Sin embargo, esto irá mermándote fuerza muscular y aflojará tu cintura y caderas

PARTE 4

Sentarse sin cansarse

No te cansarás

Inclínate hacia adelante con la espalda erguida.

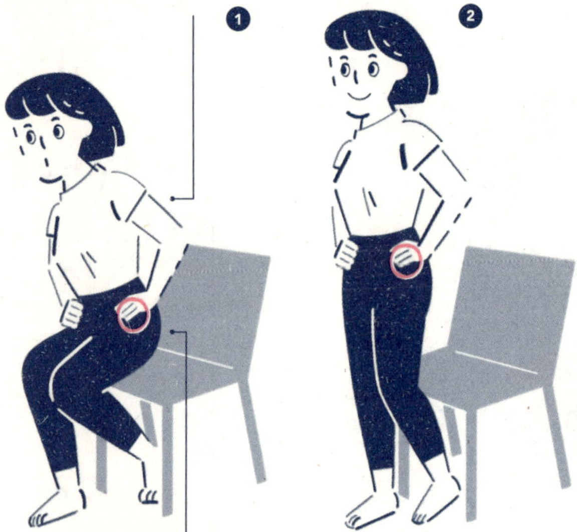

No te cansarás

Levántate desde la ingle. Lo notarás más fácilmente si apoyas las manos ahí.

No te cansarás...

Si inclinas el tronco superior antes de levantarte

Si aprovechas la fuerza de la gravedad, te levantarás sin ningún esfuerzo

Inclinando el tronco superior hacia adelante, la fuerza de la gravedad jalará de ti, por lo que te pondrás de pie sin tener que hacer fuerza con las piernas.

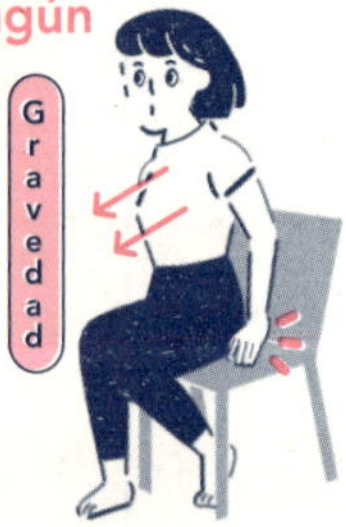

También puedes ayudarte un poco con las manos.

Cuando tengas que levantarte continuamente...

Si trabajas en una recepción o en un lugar parecido donde estés levantándote y sentándote continuamente, procura encontrar una silla alta y siéntate en el borde, así te será más fácil ponerte de pie.

PARTE 4

Sentarse sin cansarse

No te cansarás

Sentándote sobre los talones es más fácil que tus isquiones se mantengan rectos y, como resultado, adoptes una buena postura.

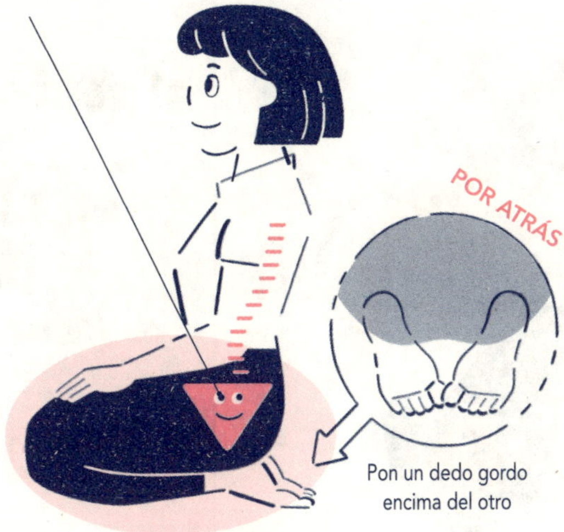

No te cansarás

También te servirá de estiramiento para las piernas.

No te cansarás...

Si te sientas derecha sobre los talones

Cuando se te entumezcan las piernas, levanta las puntas de los pies

Es una buena postura para estirar los músculos de las piernas.
Si las piernas se te empiezan a dormir, levanta un poco el trasero y levanta las puntas de los pies para estirar las plantas desde los dedos.

Si se te entumecen, ¡arriba!

¡Anota!

Aumentarás la flexibilidad de los músculos que no utilizas

El sentarse en sillas ha reducido drásticamente las oportunidades para estirar los cuádriceps y los músculos de las plantas de los pies y tobillos. Esta postura permite estirar esta musculatura.

PARTE 4

Sentarse sin cansarse

Te cansarás

Pasar mucho rato con la espalda curvada no solo crea malos hábitos a nivel postural; la presión que se ejerce en el pecho también dificulta la espiración.

Te cansarás

Tener los isquiones torcidos impide que puedas hacer fuerza con el abdomen.

Te cansarás...

Porque al sentarte en el piso abrazándote las rodillas, estás curvando la espalda

Si te sientas con las piernas cruzadas, pon un soporte en el trasero

A simple vista, sentarse con las piernas cruzadas puede parecer una postura muy sana, pero en realidad la parte posterior de tu trasero queda un poco baja y es fácil que los isquiones se inclinen. Puedes corregir fácilmente esta postura colocando un cojín para levantar un poco el trasero y conseguir que los isquiones queden rectos.

Los isquiones están levantados.

PARTE 4

Sentarse sin cansarse

Te cansarás

Al apoyarte en el respaldo, los isquiones se inclinan y acabas redondeando la espalda.

El triángulo maldito

Te cansarás

El cuello se dobla hacia adelante.

¡Estás sobrecargando tu cuello, tus hombros, tu espalda y tu lumbar!

Lo mejor es no utilizar sillas sin patas

Quizá parezcan muy cómodas a simple vista, pero si te sientas en una de ellas es altamente probable que termines curvándote. Además, si acabas apoyando la espalda, luego es muy difícil cambiar de postura sin levantarte. Tu lumbar, espalda y cuello tendrán que soportar un peso mayor y te dolerán. En caso de que te veas obligada a sentarte en una de ellas, en vez de apoyarte en el respaldo, siéntate en el borde con las piernas dobladas o cruzadas.

También puedes colocar una toalla doblada debajo del trasero.

Te cansarás...

Porque sentarte en una silla sin patas no es bueno, se vea como se vea

PARTE 4

Sentarse sin cansarse

Estiramiento hindú

1

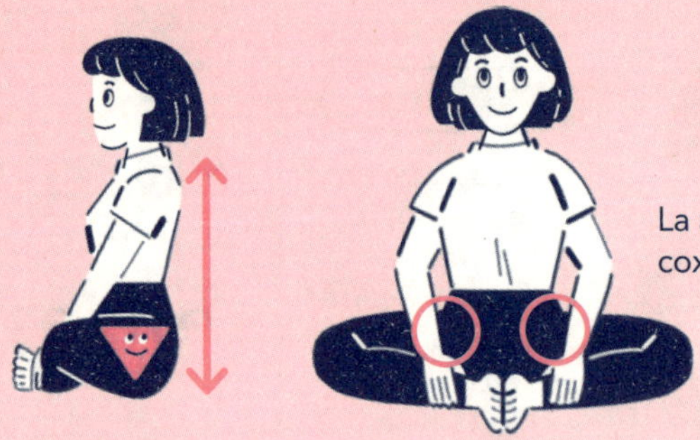

La articulación coxal se relaja.

2

Siéntate con las piernas en estilo hindú y junta las plantas de los pies. Luego inclina el torso hacia adelante desde la articulación coxal y nota cómo esta, tensa por culpa de estar tanto tiempo sentada, se relaja. Mantén la espalda recta. Si tus rodillas no tocan el piso, coloca una toalla doblada debajo del trasero.

Si te cansas, ponte de pie

Cualquiera acaba cansándose después de pasar un buen rato sentado en la misma postura. Acostúmbrate a levantarte enseguida cuando notes que empiezas a cansarte. Es más, aunque no te notes cansada todavía, intenta levantarte al menos una vez cada treinta o sesenta minutos.

Acuéstate en el sillón

El sillón es para ponerse cómodo. No intentes sentarte en él con una postura perfecta y acuéstate directamente.

PARTE
5

Trabajar en la computadora sin cansarse

PARTE 5

Trabajar en la computadora sin cansarse

No te cansarás...

Si adaptas la altura de la pantalla a la de tus ojos

Te cansarás...

Si intentas adaptarte a la oficina

No te cansarás

El centro de la pantalla queda justo a la altura de tus ojos. Esto te permite estirar el cuello y la espalda.

No te cansarás

El teclado está lo más cerca posible de ti. Los codos quedan justo por debajo de los hombros y abres el pecho.

Ideas para colocar la pantalla a la altura correcta

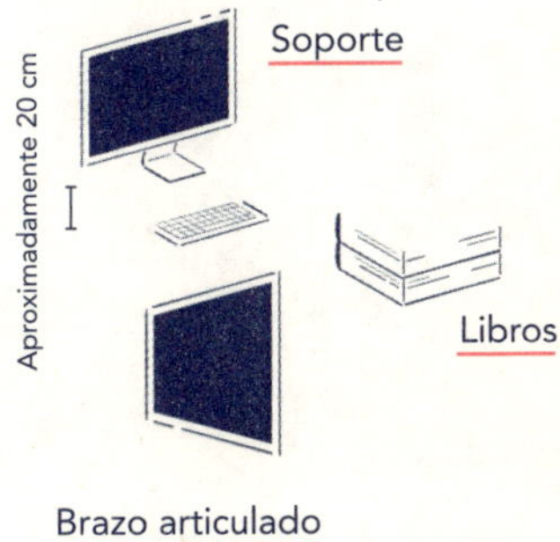

En caso de que la altura de tu computadora no se pueda regular, siempre puedes colocar una caja, un soporte o libros debajo del monitor. Los brazos articulados y extensibles también son muy prácticos.

Si la pantalla está demasiado baja, bajarás también la mirada

Una pantalla baja invita a desplazar brazos y manos hacia adelante y redondear la espalda, una de las causas del dolor de hombros. Cuando tengas que pasar muchas horas adelante de la computadora, invertir algún tiempo en ajustar tu espacio de trabajo es un gran paso para estar en buena forma, no lo dudes.

Coloca el teclado justo adelante

Si colocas el teclado lo suficientemente ce ca como para que los codos se doblen en ángulo recto, tus hombros y tu pecho se abrirán de forma natural. Por el contrario, colocarlo demasiado lejos te obligará a curvarte hacia adelante y te dolerán la lumbar y la espalda.

¡Anota!

Utiliza un teclado externo para tu laptop

Coloca la computadora encima de un soporte para que no tengas que bajar la vista cuando trabajes con ella. Si luego le añades un teclado y un ratón externos, podrás seguir trabajando sin tener que bajar la mirada. Acuérdate de colocar el teclado y el ratón justo adelante de ti.

PARTE 5

Trabajar en la computadora sin cansarse

No te cansarás...	Te cansarás...
Si incrementas el tiempo que trabajas de pie	Si pasas muchas horas sentada trabajando

¡Y además te quita el sueño en la oficina!

Incrementa poco a poco el tiempo que pasas de pie

Si no estás acostumbrada a trabajar de pie, te cansarás enseguida por la falta de fuerza muscular. Sin embargo, si incrementas poco a poco el tiempo que pasas de pie, irás desarrollando la musculatura y, sin darte cuenta, dejarás de cansarte y aumentarás tu densidad ósea.

Todo tiene un propósito

Para el cuerpo, sentarse equivale a tomarse un descanso, es como si los motores se detuvieran casi por completo. Así pues, cuando te levantas, estos vuelven a activarse y la capacidad de concentración aumenta. Búscate una mesa elevable con palanca, te será muy práctica.

No te cansarás

Estar de pie es más fácil que estar sentada.

No te cansarás

Incorpora alguna tarea de pie cada hora.

Tareas que puedes hacer sentada

- Diseñar un proyecto.
- Pensar detenidamente.

Tareas que puedes hacer de pie

- Procesar el correo.
- Reuniones informales para comunicar resoluciones o contactar con terceros.
- Leer documentos.
- Pensar ideas nuevas.

PARTE 5

Trabajar en la computadora sin cansarse

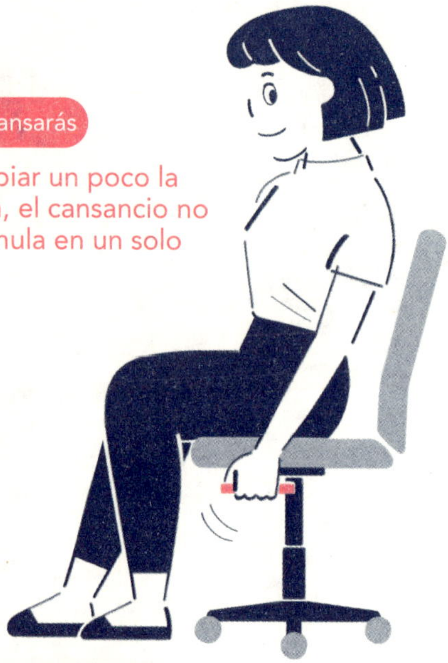

No te cansarás

Al cambiar un poco la postura, el cansancio no se acumula en un solo punto.

No te cansarás

Ve variando de vez en cuando un centímetro arriba y abajo la altura del asiento.

No te cansarás...

Si pruebas a cambiar un centímetro la altura de la silla

No sigas con la misma postura cada día

Si cada día te sientas en la misma silla y con la misma postura, tu cuerpo se acabará acostumbrando a ella y no sabrá estar de otra forma. Además, tendrás músculos que trabajarán mucho y otros que nunca usarás. Estos últimos irán perdiendo flexibilidad y te causarán malestar. Es muy importante utilizar todos y cada uno de los músculos de tu cuerpo de forma equilibrada.

PARTE 5

Trabajar en la computadora sin cansarse

No te cansarás

Cierra los codos para estabilizar los brazos.

No te cansarás

Levanta el libro para leer sin agachar la cabeza.

Te cansarás

Leer con el libro sobre la mesa invita a redondear la espalda.

Un cojín, el complemento ideal

Apoya tus codos sobre un cojín o una manta plegada para mayor comodidad. Pero ve con cuidado de no redondear la espalda.

Asegúrate de descansar cuando tengas que trabajar mirando hacia abajo

Cuando tengas que realizar alguna actividad con la cabeza agachada, como por ejemplo escribir, es imprescindible que no te saltes los descansos. Mueve la cabeza hacia adelante, hacia atrás y hacia los lados para ayudar a tu cuello a recuperar la buena postura.

Laterales Adelante Atrás

No te cansarás...

Si levantas la cabeza para leer libros o documentos

PARTE 5

Trabajar en la computadora sin cansarse

No te cansarás...

Si intentas ver pensando que tienes los ojos atrás de la cabeza

¡Siento que mi campo visual ha aumentado!

Te cansarás...

Si intentas ver con los ojos

No te cansarás

Al intentar ver imaginándote que tienes los ojos atrás de la cabeza, tu campo visual aumenta.

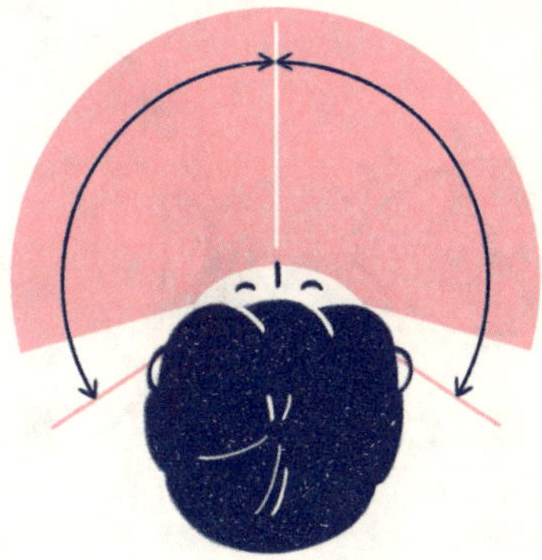

No te cansarás

Mira a tu alrededor sin esfuerzo.

El cerebro ve a través de los ojos

El nervio óptico transfie e la información visual que captan los ojos a la parte posterior del cerebro, donde se convierte en imágenes.

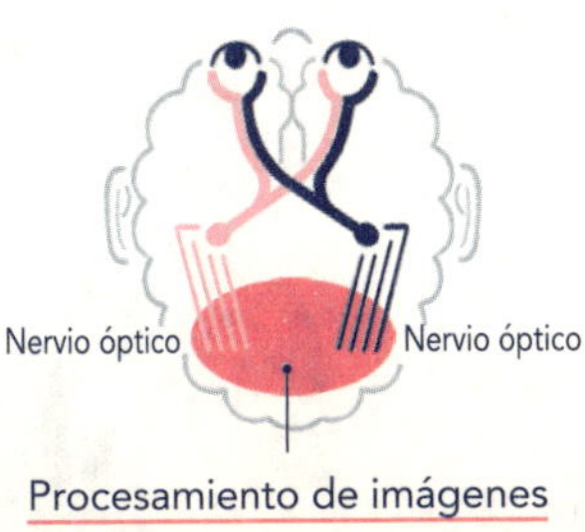

La circulación del cuello afecta a la visión

Los nervios que se concentran en el cuello están conectados con la cabeza, los ojos y las orejas. Al curvar la espalda hacia adelante y sacar el mentón, la presión en la parte posterior del cuello aumenta y esto repercute en el nervio óptico. A la larga, esta postura puede causar vista cansada.

PARTE 5

Trabajar en la computadora sin cansarse

Te cansarás

En la superficie del ojo hay un objeto extraño e, inconscientemente, haces más fuerza.

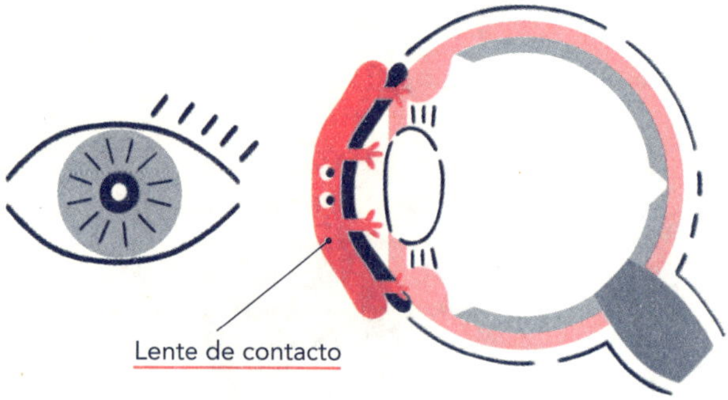

Te cansarás

La superficie de la córnea está cubierta por el lente de contacto y le falta oxígeno.

Te cansarás...

Si llevas puestos los lentes de contacto muchas horas seguidas

¡Por la noche siempre me noto los ojos cansados!

No solo forzamos los ojos, también el cerebro

Los lentes de contacto se mueven un poco cada vez que parpadeamos, lo cual obliga al cerebro a reajustar la imagen desenfocada. Esto ocurre miles de veces al día y por eso, al final, el ce ebro también se cansa. Además, los lentes de armazón ofrecen una mayor percepción de los detalles en tres dimensiones, mientras que los lentes de contacto suelen estar limitados a una visión más plana. Los desajustes en la percepción y las funciones cerebrales están relacionados con el cansancio físico y mental.

PARTE 5

Trabajar en la computadora sin cansarse

No te cansarás

Deja descansar la vista regularmente para prevenir la fatiga ocular.

PASO 1

Mirar a lo lejos

Aparta los ojos de la computadora y concéntralos en un punto lejano, cuanto más lejos mejor.

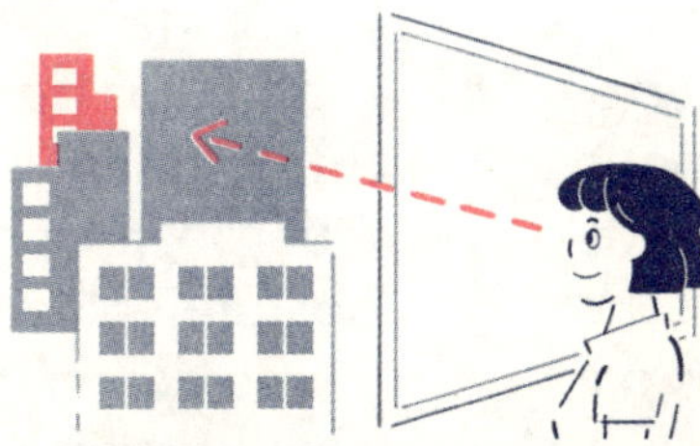

PASO 2

Rotar

Gira los globos oculares de derecha a izquierda alternativamente.

PASO 3

Presionar

Presiona las sienes y los lagrimales.

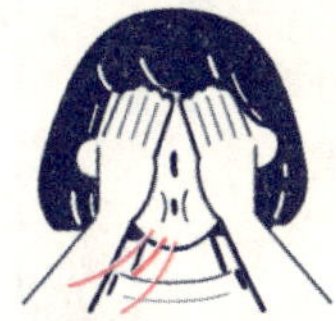

PASO 4

Aplicar calor

Friégate las manos y póntelas encima de los ojos. Relájate.

Estirar el cuello nos ayuda a prevenir el dolor

Estira ambos brazos con todas tus fuerzas, mira arriba y respira hondo.

¡Anota!

No miramos hacia arriba lo suficiente

La rutina de trabajar adelante de la computadora provoca rigidez en el cuello. Intenta mirar hacia el techo de vez en cuando para recuperar la elasticidad de las cervicales. Sin embargo, ten presente que con la espalda redondeada no se puede mirar arriba, así que primero estírate y luego levanta el cuello.

No te cansarás...

Si descansas para hacer estiramientos una vez cada hora mientras trabajas en el escritorio

PARTE 5

Trabajar en la computadora sin cansarse

Levanta la mirada cuando hables por teléfono

Tenemos tendencia a agachar la cabeza cuando hablamos por teléfono, pero lo cierto es que nos cansaremos menos si levantamos la cara. Los auriculares con micrófono también son muy útiles para hablar sin tener que sujetar el aparato.

Ajusta la disposición del escritorio

Si de vez en cuando cambias de lugar el escritorio y los artículos de la oficina qu te rodean, evitarás que tu cuerpo se acostumbre a una postura en concreto. También es buena idea cambiar regularmente de silla cuando comes.

Acorta el tiempo adelante de la computadora

La postura adelante de la computadora es la que más castiga nuestro cuerpo hoy en día. Intenta pensar formas de reducir este tiempo, como, por ejemplo, sustituyendo los correos electrónicos por llamadas de teléfono o SMS.

Prohibido trabajar en una mesa de cafetería

La mayoría de las cafeterías tienen mesas bajas que nos obligan a redondear la espalda, por lo que no es aconsejable trabajar con la laptop ahí. Intenta pasar en la cafetería el mínimo tiempo posible.

PARTE
6

Desplazarte sin cansarse

PARTE 6

Desplazarte sin cansarse

No te cansarás...

Si dejas que tu cuerpo se mueva con el traqueteo del autobús

Te cansarás...

Si te mantienes de pie con las piernas firmes en un autobús en marcha

¡Cuando no me doy cuenta estoy haciendo fuerza!

Te cansarás

Al hacer fuerza, los temblores del autobús se intensifican y te sientes más inestable.

No te cansarás

Procura no hacer fuerza y absorbe el balanceo del autobús para mantener el equilibrio.

No te cansarás

Dobla ligeramente las rodillas para aflojar la fuerza en el tronco inferior.

Desplazando un pie hacia afuera es más fácil mantener el equilibrio

Te notarás más estable si abres las piernas al ancho de los hombros y desplazas un pie hacia afuera. Esto también te ayudará a aflojar la fuerza de las piernas.

Agárrate a los anillos solo con dos dedos

Si en el autobús permaneces de pie con la espalda recta y procurando no hacer fuerza, te bastarán solo dos dedos para agarrarte a los anillos y mantener el equilibrio, a ser posible, el dedo corazón y el anular. Verás cómo te notas estable sin usar demasiada fuerza y sin cansarte tanto como si te agarraras con toda la mano.

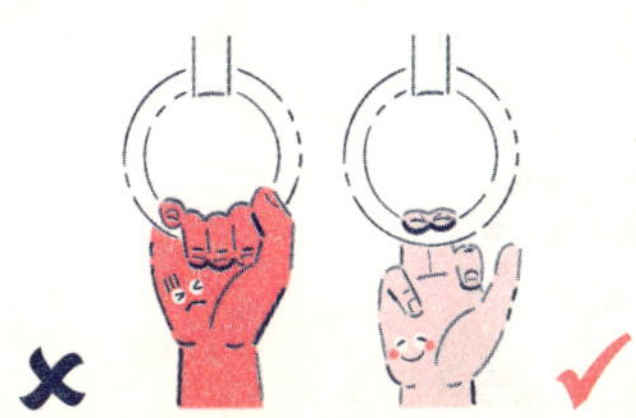

PARTE 6

Desplazarte sin cansarse

No te cansarás...

Si aprovechas el tiempo que pasas en el autobús para **estar de pie y estirar el cuerpo**

Te cansarás...

Si siempre aprovechas el tiempo que pasas en el autobús para **sentarte y descansar**

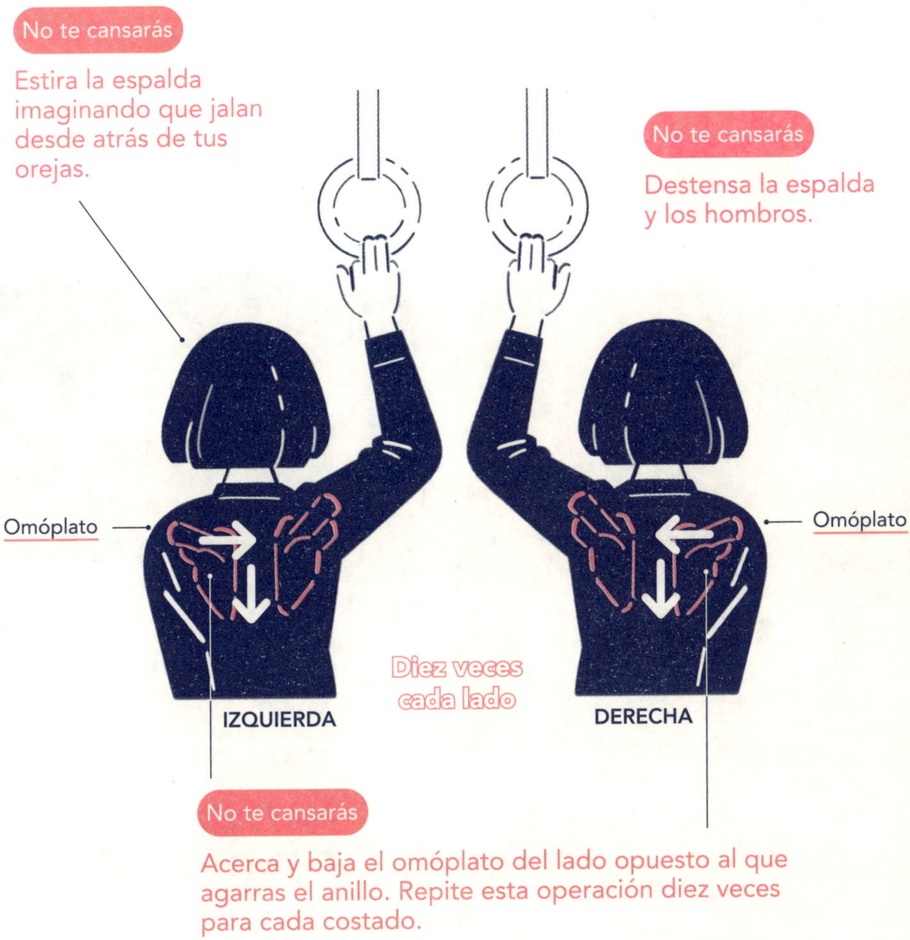

Líbrate del cansancio en las pantorrillas levantando las puntas de los pies

Una de las funciones de las pantorrillas es bombear la sangre de vuelta al corazón. Ejercítalas para estimular la excreción de toxinas del tronco inferior. Quizá el hecho de sentarse parezca una acción enfocada a reducir el cansancio, pero en realidad es justo lo contrario. Al sentarnos, la sangre fluye más despacio y la capacidad de movimiento disminuye, por lo que es más fácil cansarse.

PARTE 6

Desplazarte sin cansarse

No te cansarás...

Si no reclinas tu asiento

Te cansarás...

Si reclinas tu asiento en el avión o en el autobús

Te cansarás

El triángulo maldito perjudica tu lumbar.

No te cansarás

Tu trasero está pegado al respaldo del asiento.

No te cansarás

Tus isquiones están rectos y tu cintura, cómoda.

Llena el hueco entre tu espalda y el respaldo con una toalla

Si el tuyo es un viaje muy largo y te entran ganas de reclinarte, coloca una toalla doblada entre tu espalda y el respaldo para rellenar el triángulo maldito.

Toalla

Una bufanda o una chamarra también pueden servir.

Te sentirás mejor si también manejas con la espalda recta

Sentarte sin reclinar el respaldo y con los isquiones levantados mientras manejas te ayudará a prevenir el dolor de lumbar. En caso de que tu asiento tenga el respaldo inclinado y no se pueda regular, coloca una toalla doblada en forma de cilindro o instala un asiento personalizado de los que encontrarás en el mercado para proporcionar un soporte a tu espalda.

PARTE 6

Desplazarte sin cansarse

1

No te cansarás

Mantén la espalda recta y apoya primero el trasero.

2

No te cansarás

Coloca las piernas al final, aunque sea una después de la otra.

3

No te cansarás...

Si entras en el coche o el taxi sentando primero el trasero

¡Metiendo primero la cabeza podrías lastimarte la lumbar!

Si entras inclinada en un vehículo curvarás la espalda, lo cual podría causarte dolor de lumbar.

¡Anota!

Al bajar, primero las piernas

Gira el cuerpo y saca primero las piernas. Luego inclina el tronco hacia adelante y sal manteniendo la espalda recta. No solo te cansarás menos, sino que también resultarás más elegante.

PARTE 6

Desplazarte sin cansarse

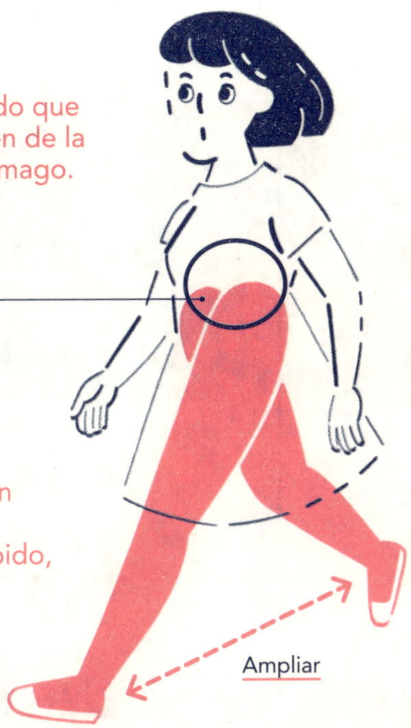

No te cansarás...

Si das zancadas más grandes cuando tienes prisa

Correr con zancadas pequeñas es más cansado

Trotar consiste en correr dando pequeñas zancadas, lo cual no solo resulta más cansado, sino que encima te obliga a hacer una fuerza innecesaria con toda la zona de debajo de las rodillas. Intenta correr de forma más dinámica, imaginando que tus piernas nacen de la boca de tu estómago.

¡Anota!

Una falda estrecha te cansará más

Cuando tengas que elegir qué ponerte, comprueba que puedes acuclillarte fácilmente sin redondear la espalda. Los pantalones o las faldas demasiado ajustados entorpecen el movimiento de las piernas, por lo que te cansarás más al caminar.

PARTE 6

Desplazarte sin cansarse

No te cansarás...	Te cansarás...
Si pedaleas desde la boca de tu estómago	Si pedaleas solo con la fuerza de las piernas

¡Ten cuidado de no curvar la espalda cuando vayas en bicicleta!

Si redondeas la espalda, no podrás hacer fuerza con el estómago y los pedales te parecerán más pesados.

La altura del asiento no debería depender de si tocas el piso con los pies

Pedalearás con mayor eficiencia si egulas el asiento de forma que cuando el pedal esté lo más lejos posible puedas estirar completamente la pierna. Si, en cambio, colocas el asiento para poder tocar el piso con las plantas de los pies, te quedará demasiado bajo y te cansarás más.

No te cansarás

Corrige la postura imaginando que te jalan hacia arriba desde atrás de las orejas.

No te cansarás

Gira el manubrio hacia los lados con los brazos.

No te cansarás

Mueve las piernas desde la boca del estómago.

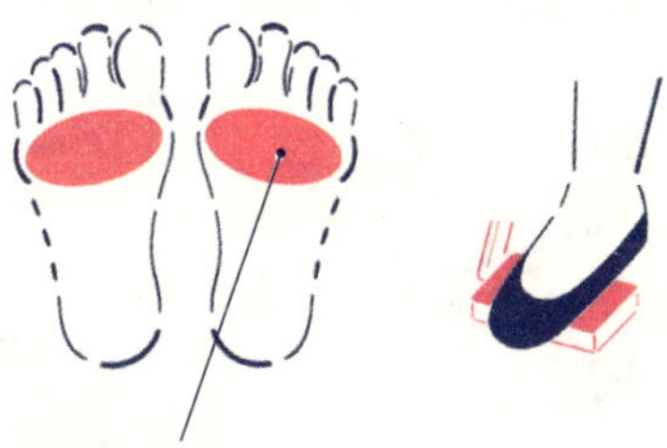

No te cansarás

Pisa los pedales con la raíz de los dedos gordos.

Desplazarte sin cansarse

Revisa tu postura en el elevador

La mayoría de los elevadores tienen un espejo. Aprovéchalo para revisar no solo si vas bien arreglada, sino también tu postura, como, por ejemplo, si tu espalda está recta o si tocas con los cinco puntos en la pared (ver pág. 31).

Reduce el tiempo que pasas con el celular

En el autobús o en cualquier transporte siempre veremos gente que se entretiene mirando el teléfono con la cabeza agachada. Esto supone una carga enorme para el cuello, así que lo mejor es levantar el teléfono para que quede a la misma altura que los ojos y evitar tener que bajar la mirada.

Entrena el tronco superior entre parada y parada

Exhala todo el aire, luego aprieta el abdomen y respira normal, pero sin aflojar la fuerza del vient e. Repite esta operación durante el trayecto de una estación a otra y notarás que, al bajar del autobús, te cuesta menos caminar.

No duermas en el transporte

Si te entran ganas de dormir en el autobús o en cualquier otro medio de transporte significa que, por lo general no duermes lo suficiente. S quieres descansar bien por la noche, lo mejor es que contengas las ganas de tomar una siesta al mediodía y duermas las horas que necesitas de noche.

PARTE
7

Llevar peso sin cansarse

PARTE 7

Llevar peso sin cansarse

No te cansarás...

Si llevas la mochila pegada a la espalda

Te cansarás...

Porque, cuanto más lejos quede de tu espalda la mochila, más te pesará

Acorta los tirantes

Si los tirantes de tu mochila son muy largos, esta se balanceará y el centro de gravedad se desplazará hacia atrás. Por el contrario, si los acortas, notarás que disminuye el peso en la espalda.

La regla de oro es que el equipaje no se balancee

Cualquier equipaje que lleves se balanceará menos si te lo cargas en la parte alta de la espalda. Ajústatelo bien ahí, pegado a tu columna, y notarás la diferencia.

No te cansarás

La mochila es la bolsa más fácil de llevar.

No te cansarás

Te será más cómodo llevarla bien alta, sin que cuelgue.

¡Anota!

¡Si la mochila tiene una correa en el pecho, mucho mejor!

Si tienes que cargar con una mochila muy pesada, te recomiendo que te compres una con correa en el pecho. Esta no solo evitará que se te caigan los tirantes, sino que ayudará a que la mochila quede más pegada a tu cuerpo, lo cual reducirá el traqueteo. A veces las correas de pecho se venden por separado, ¡investiga! Además, al elegir, lo mejor es que los tirantes sean anchos.

PARTE 7

Llevar peso sin cansarse

No te cansarás

El asa debe ser lo suficientemente corta como para sujetar la bolsa con la axila.

No te cansarás

Pega la bolsa a tu cuerpo.

¡Así te vas a cansar!

¡Anota!

Procura que las bolsas tampoco se balanceen

Si en lugar de una mochila llevas una bolsa, notarás que te cansas menos si acortas el asa de modo que la bolsa te quede pegada al cuerpo. Los morrales o las bolsas cruzadas que se ajustan en la espalda también son muy recomendables.

No te cansarás...

Si llevas la bolsa en la axila

Llevar peso sin cansarse

No te cansarás

Cambia la bolsa de lado de vez en cuando.

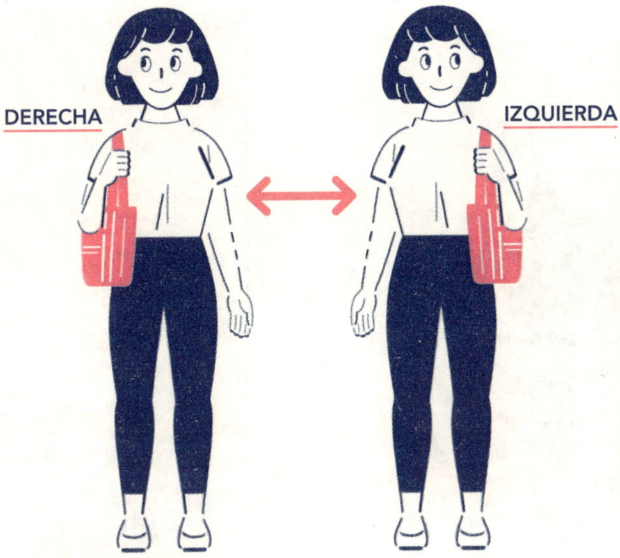

No te cansarás

Previene el dolor de espalda y las malas posturas.

No te cansarás...

Si vas cambiándote la bolsa de costado

Procura que las bolsas tampoco se balanceen

Llevar la bolsa siempre en el mismo costado no solo sobrecargará este lado de tu cuerpo, sino que encima puede acabar desequilibrando tu postura. Si estás acostumbrada a llevar la bolsa siempre en el mismo lado, prueba a llevarla en el otro a partir de ahora. Al principio te costará, pero poco a poco irás acostumbrándote, lo cual te indicará que has recuperado la postura correcta. Este consejo es aplicable para cualquier tipo de bolsa de mano o incluso maletas de ruedas.

PARTE 7

Llevar peso sin cansarse

No te cansarás

Reparte cualquier aumento de peso en dos bolsas.

No te cansarás

No hay desequilibrio entre los dos lados.

No te cansarás...

Si divides las compras en dos bolsas

Si vas a comprar algo pesado, llévate una mochila

Si tienes pensado comprar muchas cosas o algo muy pesado, harás bien en tomar una mochila. Cuantas menos cosas lleves en las manos, mejor. Las mochilas plegables de nailon son muy prácticas en estos casos.

PARTE 7

Llevar peso sin cansarse

No te cansarás

Mantén la columna recta y abraza la bolsa con la fuerza del abdomen.

No te cansarás

Pega la bolsa al pecho.

No te cansarás...

Si abrazas tu equipaje en el pecho cuando empieces a agotarte

Llevar tu equipaje a la altura del pecho te resultará más cómodo

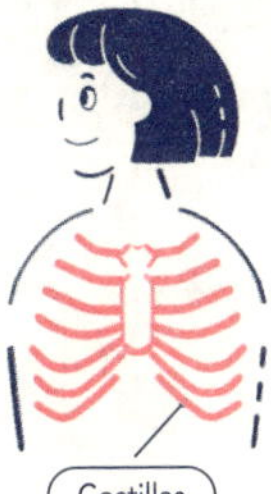

Abraza tu equipaje a esta altura.

La zona central del cuerpo, las costillas, es la parte que menos se balancea cuando caminamos, por eso te sentirás mucho más estable si colocas tu equipaje adelante del pecho. Además, si lo abrazas cruzando las manos, los músculos de la espalda también trabajarán y te sentirás más ligera.

¡Anota!

Decide el tramo en el que llevarás el peso adelante

Cargar cualquier peso solo con la fuerza de hombros y brazos todo el rato acabará provocándote dolor de espalda y también de brazos. Decide cuándo quieres llevar el peso adelante, en el pecho, y cúmplelo. Por ejemplo, durante el trayecto en autobús o para bajar una cuesta. Verás que tardas más en cansarte.

PARTE 7

Llevar peso sin cansarse

Te cansarás...

Si intentas llevar una bolsa pesada de basura solo con la fuerza del brazo

Te cansarás

Intentas levantar la bolsa de basura con la fuerza de un solo brazo.

Te cansarás

Inclinas el cuerpo en diagonal y doblas las costillas.

Las cajas de cartón, en la axila

Dobla las cajas de cartón más pequeñas y colócalas entre las más grandes para que queden bien compactas. Te será más fácil cargar con ellas si las llevas bajo el brazo y bien pegadas al cuerpo.

¡Te será más fácil si yergues la espalda y levantas la bolsa con la fuerza del abdomen!

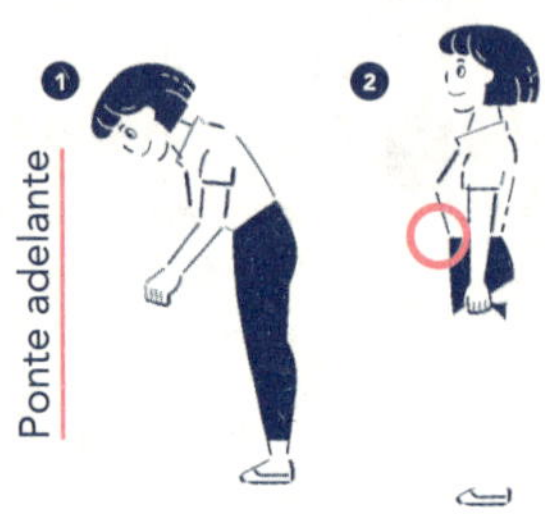

❶ Colócate adelante de la bolsa de basura y dobla el tronco superior desde la ingle para levantarla.
❷ Sentirás que la bolsa es más ligera si cargas con ella manteniendo la espalda tan recta como puedas y utilizando la fuerza del abdomen.

PARTE 7

Llevar peso sin cansarse

No te cansarás

Cierra la axila para pegar el codo en el cuerpo, lo cual evitará que la bandeja tiemble.

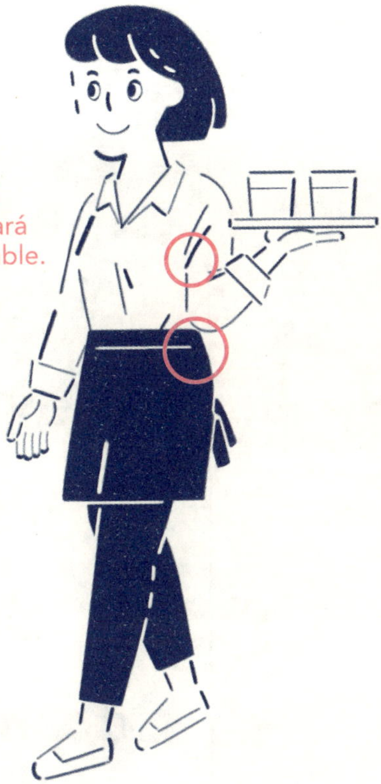

No te cansarás...

Si, cuando cargues una bandeja, pegas el codo al cuerpo

A mayor distancia, mayor inestabilidad

Separar el codo del cuerpo implica llevar la bandeja solo con la fuerza del brazo, por eso te resultará inestable.

¡La bandeja debe ser una parte de ti!

Pegando el codo en el cuerpo conseguirás que este y el brazo formen un solo bloque, lo cual te permitirá llevar la bandeja con estabilidad y sin que tiemble. Acuérdate también de caminar con la espalda erguida.

PARTE 7

Llevar peso sin cansarse

No te cansarás...

Si primero te arrodillas y lo levantas con la fuerza del abdomen

Te cansarás...

Si intentas levantar un peso de manera brusca

Si levantas un peso sin bajar la cadera te harás daño

Es muy probable que te hagas daño en la espalda y la lumbar si de repente recoges del piso algo muy pesado con las piernas estiradas, incluso podrías sufrir un ataque de lumbago. Así pues, siempre que tengas que recoger algo del piso, primero dobla las rodillas y baja la cadera.

Redondear la espalda bloqueará la fuerza de tu abdomen

Aunque bajes la cadera, si curvas la espalda hacia adelante no podrás hacer fuerza con el abdomen. Como consecuencia, no solo te resultará más difícil levantar cualquier peso, sino que también estarás sobrecargando la lumbar y la espalda.

No te cansarás

Mantener la espalda erguida te ayuda a hacer más fuerza con el abdomen.

No te cansarás

Baja la cadera y acerca el cuerpo al peso antes de levantarlo.

No te cansarás

Estarás más cómoda apoyando una rodilla en el piso.

¡Anota!

¡No intentes levantar cosas pesadas sin prepararte antes!

Es muy fácil hacerse daño levantando algo muy pesado sin la adecuada preparación. Yergue la espalda, levanta la cabeza desde atrás de las orejas y, cuando todo tu cuerpo esté preparado, arrodíllate despacio. Así notarás que tienes más fuerza en el abdomen y evitarás que te duela la lumbar, por lo que, por supuesto, cualquier peso que te propongas levantar te parecerá más ligero.

PARTE 7

Llevar peso sin cansarse

No te cansarás

Regula los tirantes de modo que tu bebé quede justo adelante del pecho.

No te cansarás

Amárrate el cinturón alrededor de la pelvis.
(¡No en la cintura!)

¡Deben ser uno solo!

Si los tirantes son demasiado largos, el bebé se deslizará hacia abajo por su propio peso y te dolerá la lumbar. Si quieres aprovechar al máximo tu fuerza, asegúrate de llevar a tu bebé pegado al cuerpo para convertirse en uno solo, verás cómo te cansas menos.

¡Anota!

Ajusta las correas según el portador

Si compartes la cangurera con tu marido u otro familiar, acuérdense de ajustar las correas a la altura adecuada para cada uno cada vez que se la pongan.

No te cansarás...

Si llevas a tu bebé en la parte alta del pecho

PARTE 7

Llevar peso sin cansarse

No te cansarás

Mantén la espalda erguida y levanta al otro recto hacia arriba.

No te cansarás

Asienta la cadera.

No te cansarás

Rodea al otro con los brazos y pégate a él.

No te cansarás...

Si cuando llevas a alguien en brazos pegas todo tu cuerpo a él

¡Es muy útil para cuando tengas que ayudar a levantarse a un amigo borracho o a alguien enfermo!

Si intentas levantar a alguien de manera brusca te harás daño en la lumbar

Es muy difícil hacer fuerza sin bajar la cadera o redondeando el torso, pero lo peor es que podrías hacerte daño en la lumbar o la espalda, así que ten cuidado.

¡Anota!

¡El truco está en pegarte al otro!

Si abrazas al otro pegándote firmemente a él, no solo lo levantarás con la fuerza de los brazos, sino también con la de todo tu tronco y espalda. Así pues, en caso de que estés cuidando de un enfermo o un anciano y tengas que levantarlo, acuérdate de hacerlo pegándote a él.

PARTE 7

Llevar peso sin cansarse

¿Con qué dedos es más fácil hacer fuerza?

No todos los dedos son iguales; notarás que puedes hacer mucha más fuerza con el corazón y el anular porque están muscularmente conectados con la espalda, lo cual hace que la fuerza fluya en ello desde lo más profundo del cuerpo. Intenta usarlos cuando tengas que llevar algo.

La carreola de bebé

Todos tenemos tendencia a encorvarnos cuando empujamos una carreola, lo cual puede acabar fatigándonos la lumbar. Sin embargo, si levantas la cabeza desde atrás de las orejas y empujas la carreola recta hacia adelante manteniendo una buena postura, te cansarás mucho menos.

Entrena el tronco superior

Si quieres levantar pesos sin esfuerzo, tendrás que fortalecer la franja abdominal. Estos ejercicios te ayudarán a reforzar el tronco superior.

Acuéstate bocarriba y levanta las rodillas. Comprueba que tu lumbar está pegada al piso.

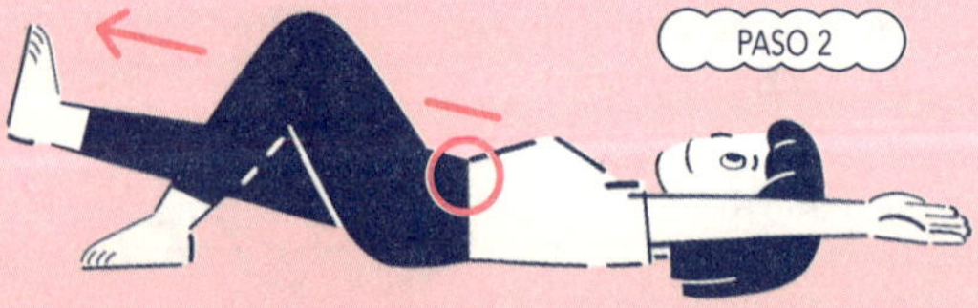

Con los brazos estirados, ve doblando y estirando las piernas alternativamente y despacio. Nota la fuerza en tu tronco.

PARTE 8

Realizar tareas cotidianas sin cansarse

PARTE 8

Realizar tareas cotidianas sin cansarse

No te cansarás...

Si dedicas al menos treinta minutos a la semana al deporte

Te cansarás...

Si no sueles hacer deporte

El ejercicio, el antídoto para no cansarte

Si no haces deporte porque no tienes fuerza física es un error; pues al no moverte, tu cuerpo se debilita y te cansas muy rápido. Quizá no puedas cada día, pero empieza dedicando al menos diez minutos a la semana a hacer algo de ejercicio. Si luego, poco a poco, vas ampliando este tiempo, genial. Cualquier deporte sencillo nos sirve, incluso salir a caminar a paso ligero con las manos vacías.

LUNES	MARTES	MIÉRCOLES
5	6 Caminar 10 minutos	7
12	13 Caminar 10 minutos	14
19	20 Caminar 10 minutos	21

¿Por qué el deporte es indispensable?

El deporte es imprescindible para fortalecer el cuerpo y cansarte menos. En realidad, lo ideal sería practicar más de 150 minutos de deporte a la semana.

Practicando deporte...

↓

Movemos el cuerpo.

Mejoramos la circulación y reducimos la hinchazón, la pesadez, la rigidez y el cansancio en general.

La temperatura corporal aumenta y reforzamos el sistema inmune.

↓

¡Nuestro cuerpo se cansa menos!

No te cansarás

Empieza saliendo a caminar a paso ligero con las manos vacías.

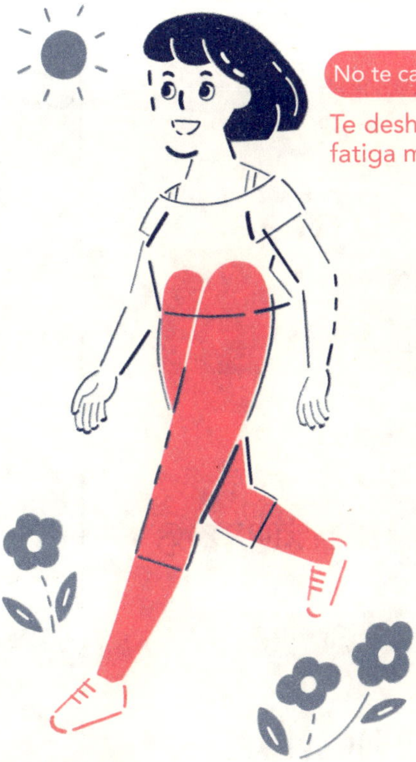

No te cansarás

Te desharás de tu fatiga mental.

No te cansarás

Trabajarás la fuerza muscular y las habilidades físicas.

¡Anota!

Ve cambiando de deporte si se te antoja

Entregarte al máximo a un tipo de deporte en concreto es fantástico, pero no dudes en cambiar y probar cosas nuevas si te cansas. Esto te ayudará a sentirte realizada a la vez que irás fortaleciendo diferentes músculos de tu cuerpo.

Realizar tareas cotidianas sin cansarse

No te cansarás...

Si comes con las coyunturas de la mandíbula

Te cansarás...

Si comes inconscientemente

Te cansarás

No masticar bien sobrecarga tu estómago e intestinos.

No te cansarás

Concéntrate en las coyunturas de la mandíbula y muévelas a conciencia.

No te cansarás

Al segregar más saliva, reforzamos la digestión y facilitamos el trabajo al estómago y los intestinos.

La mandíbula cuelga del cráneo

La mandíbula cuelga del cráneo, justo adelante de los agujeros de las orejas. A la hora de masticar, ten en mente las coyunturas de la mandíbula y muévelas a conciencia.

Coyuntura de la mandíbula

Imagínate que masticas con esta parte

¿¡La cantidad de saliva influye en el esfuerzo del estómago!?

Es importante comer masticando bien para que tu estómago e intestinos no se cansen tanto. Si masticas a conciencia, incrementarás la cantidad de saliva de la boca, una secreción que ayuda a la digestión, de modo que luego, cuando la comida llegue al estómago, este tendrá que trabajar menos. Lo ideal es masticar cada bocado unas treinta veces.

¡Anota!

Cómo comer para evitar un repentino aumento del nivel de azúcar en sangre

Si permites que tu nivel de azúcar en sangre aumente de forma repentina con cada comida, es muy probable que después de comer te dé mucho sueño o te canses fácilmente. Mantener cierto orden a la hora de tomar los alimentos puede ayudarte a evitar esto. Empieza con las verduras con más fibra, seguidas de las p oteínas de la carne, el pescado o la soya, entre otros. Si dejas para el final los p oductos con más azúcar, como el arroz, el pan o los tubérculos, y te tomas tu tiempo masticándolos, castigarás menos tu cuerpo cuando hagas la digestión.

PARTE 8

Realizar tareas cotidianas sin cansarse

No te cansarás...	Te cansarás...
Si cocinas sin curvar la espalda	Si cocinas inclinándote hacia adelante

Cuando me concentro en lo que tengo entre manos, siempre acabo redondeando la espalda...

¡Es difícil cocinar curvando la espalda!

La mayoría de las barras son demasiado bajas y es fácil que acabes curvando la espalda mientras cocinas. Esto no solo podría causarte dolor de lumbar y hombros, sino que también te restará fuerza a la hora de cortar con el cuchillo.

Utiliza el peso del cuerpo para cortar los alimentos más duros

Cuando tengas que cortar hortalizas muy duras, como por ejemplo una calabaza, pon la tabla de cortar adentro de la tarja y utiliza la fuerza de todo el cuerpo desde arriba, verás qué fácil es. Asegúrate también de afilar bien el cuchill para evitar esfuerzos innecesarios.

No te cansarás

Mantente de pie con la fuerza de la ingle y la espalda erguida.

No te cansarás

Relaja las rodillas. Puedes incluso doblarlas un poco.

No te cansarás

Dobla el tronco superior desde la ingle.

¡Anota!

Piensa en elaboraciones que puedas hacer sentada

Es fácil que te canses si pasas mucho tiempo de pie e inclinada en la cocina. Si lo que vas a cocinar requiere de muchas elaboraciones, intenta preparar lo que puedas sentada en la mesa del comedor.

PARTE 8

Realizar tareas cotidianas sin cansarse

No te cansarás...

Si tiendes la ropa a la altura del pecho

No te cansarás

Coloca la canasta de la ropa encima de alguna mesita y cuelga la ropa a la altura del pecho.

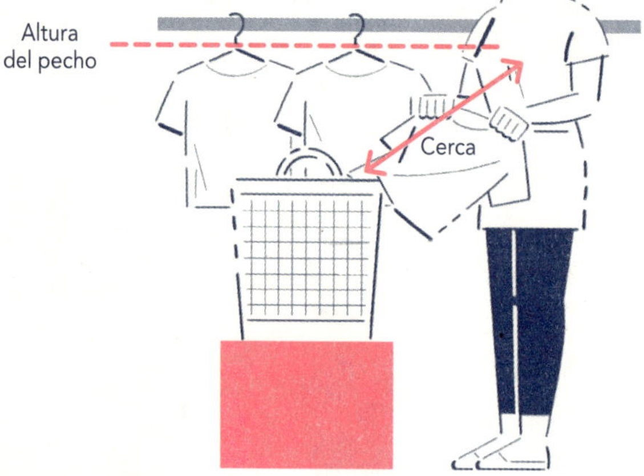

¡Cuanto más cerca, más energía ahorrarás!

No te cansarás

Coloca el tendedero y la canasta de la ropa cerca de ti.

No dejes la canasta de la ropa en el piso

Si dejas la canasta de la ropa en el piso, tendrás que doblar la cintura una y otra vez para tomar la ropa, lo cual supone una carga excesiva para tu lumbar. Verás qué cómodo te resulta si la dejas encima de una silla o una mesita.

Cuanto más alto esté el tendedero, más te cansarás

Estar constantemente mirando hacia arriba castiga el cuello y los hombros. Si tu tendedero está demasiado alto, intenta bajarlo.

PARTE 8

Realizar tareas cotidianas sin cansarse

No te cansarás

Mantén la espalda erguida.

No te cansarás

Los brazos no deben hacer ningún esfuerzo. Imagínate que los estiras suavemente desde los omóplatos.

No te cansarás

Abre ligeramente los pies y desplaza una pierna un poco hacia adelante.

¡No pases la aspiradora a lo tonto!

No intentes deslizar la aspiradora con la fuerza de los brazos; estíralos desde los omóplatos y utiliza todo el tronco superior sin agotarte. Evita también concentrar la mirada en tus pies, pues esto te hará redondear la espalda y te dolerá la lumbar.

¡Anota!

Cuando levantes la aspiradora, pégala a tu costado

Cuando tengas que agarrar la aspiradora para limpiar las escaleras, sujétala a la altura de tu cintura (la pelvis) y pégatela al costado como si fuera una extensión de tu cuerpo, verás qué fácil es de llevar. Lo mismo para una aspiradora vertical pesada.

No te cansarás...

Si mantienes la espalda erguida también cuando pasas la aspiradora

PARTE 8

Realizar tareas cotidianas sin cansarse

No te cansarás

Un trapeador con un mango largo te permitirá limpiar el piso sin tener que curvar la espalda.

Cuando elijas un trapeador...

- Lo ideal es que el mango mida casi un metro de largo.
- Si el mango es grueso, te será más fácil hacer fuerza.

Apóyate con una mano para deslizar el trapeador hasta el fondo

Tenemos tendencia a doblar la cadera para llegar a los rincones de la casa.
Yergue la espalda, apoya una mano en alguna mesa o estante y baja la cadera. Luego desliza el trapeador hasta el fondo del rincón que quieras limpiar.

Si el mango es demasiado corto, doblarás la cintura

Doblar la cintura te causará dolor de lumbar.

No te cansarás...

Si eliges un trapeador con el mango largo para limpiar el piso

PARTE 8

Realizar tareas cotidianas sin cansarse

No te cansarás...

Si no haces fuerza cuando limpias con un paño

No te cansarás

Estira el codo y relájate. Estarás más cómoda si deslizas el paño longitudinalmente.

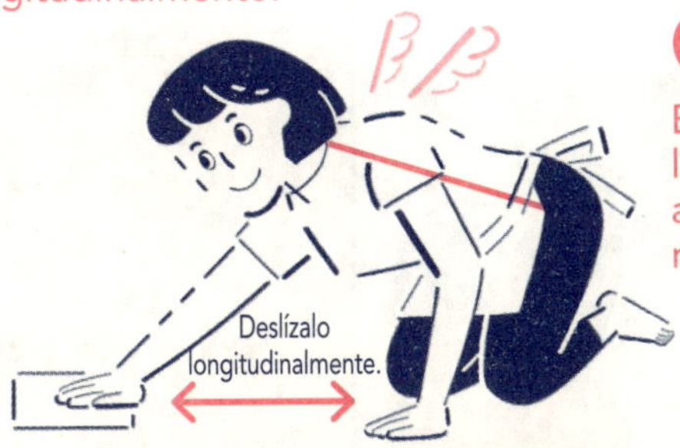

No te cansarás

Baja del todo la cadera y apoya las rodillas.

No te cansarás

Mantén la espalda recta y dóblate desde la ingle.

Te cansarás

Limpias solo con la fuerza de la mano.

Te cansarás

No apoyas las rodillas en el piso y redondeas la espalda.

Cuando limpies hacia los lados, mueve los brazos desde los omóplatos

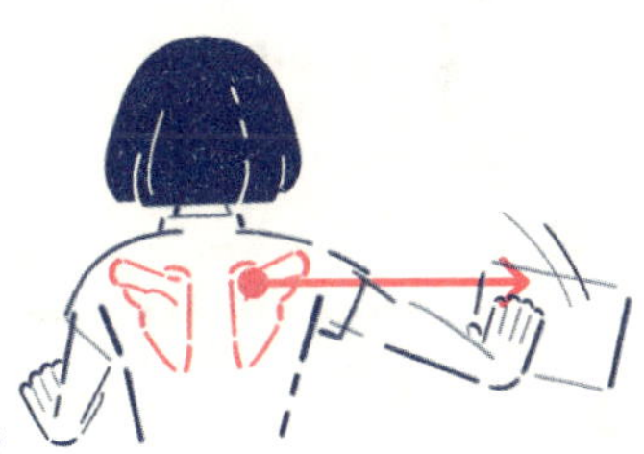

Teniendo en cuenta la carga que supone para la articulación del hombro, siempre será más recomendable mover el brazo en vertical cuando tengas que limpiar con un paño. Sin embargo, si tienes que trabajar en horizontal, imagina que el movimiento nace de los omóplatos. Así te será más fácil pasar el paño y evitarás que te duelan los hombros.

PARTE 8

Realizar tareas cotidianas sin cansarse

No te cansarás

La fuerza del abdomen te mantiene estable sobre las puntas de los dedos.

No te cansarás

Levanta los brazos desde los omóplatos.

Te cansarás

Te sientes inestable porque no haces fuerza con el abdomen.

Te cansarás

Arqueas la lumbar y te duele.

No te cansarás...

Si, al ponerte de puntitas, concentras la fuerza en el abdomen

Siempre que lo necesites, súbete a una escalera

Te sentirás mucho más segura si te subes a una escalera de mano o a cualquier soporte estable para trabajar desde una altura cómoda sin tener que estirar la espalda.

¡Anota!

¡Ponerte de puntitas fortalece tu centro!

Ponerte de puntitas utilizando la fuerza del abdomen (la parte central del tronco) te ayudará a fortalecer el centro. Incorpora este ejercicio en tu día a día.

No te cansarás...

Si no redondeas la espalda en el baño

No te cansarás

Inclínate desde las ingles sin redondear la columna vertebral.

No te cansarás

Dobla las rodillas y baja la cintura.

No te cansarás

Abre un poco los pies.

Presta atención a tu postura cuando te laves la cara

Si al lavarte la cara solo bajas la cabeza sin doblar las rodillas, se tensarán la espalda y la lumbar. Seguramente hagas este gesto a diario, así que estate atenta para no hacerte daño.

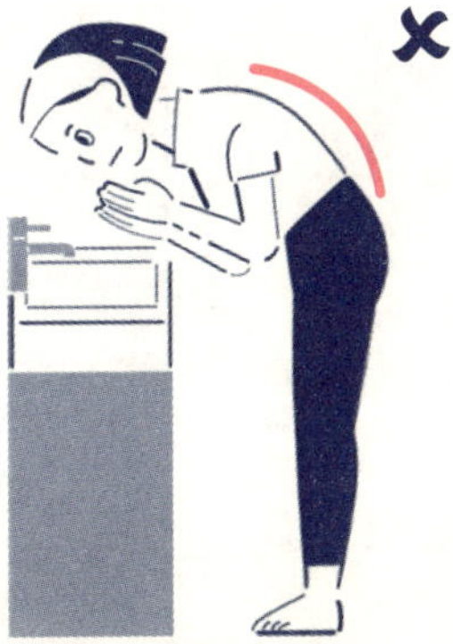

PARTE 8

Realizar tareas cotidianas sin cansarse

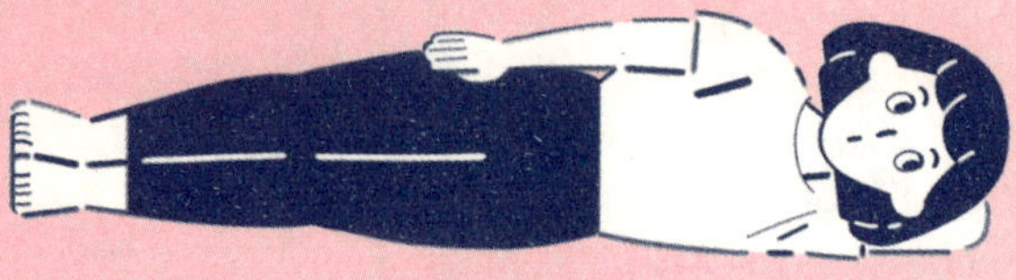

Acuéstate sobre un costado alineando todo el cuerpo.

Levanta una pierna y mantenla levantada durante quince segundos empujando el talón bien lejos. Lo mismo con el otro lado.

Ejercicio frente a la televisión

El ratito que descansas cada noche viendo la televisión es el momento ideal para liberarte de la fatiga acumulada durante el día. Prueba a hacer este ejercicio en horizontal en series de quince segundos durante los anuncios, por ejemplo. No solo te ayudará a relajar las piernas, sino que encima irás acostumbrando tu cuerpo a ser más activo.

Viste ropa cómoda

Harás mucho mejor las tareas domésticas si vistes ropa cómoda que no te moleste al moverte. En cuanto a pantalones, elige unos que sean flexible y que te permitan doblar la cadera sin problemas.

Aprovecha para limpiar la tina justo después de bañarte

Limpiar el interior de la tina desde afuera implica doblar la cintura y adoptar una postura bastante forzada. Te resultará mucho más cómodo meterte adentro de la bañera y bajar la cintura al piso. Aprovecha y hazlo justo después de bañarte.

PARTE 9

Descansar y dormir sin cansarse

PARTE 9

Descansar y dormir sin cansarse

No te cansarás...	Te cansarás...
Si antes de levantarte estiras la espalda mientras aún estás acostada en la cama	Si te levantas enseguida en cuanto abres los ojos

Y, si quieres más...

Si tienes tiempo, prueba también este estiramiento para despertar la espalda y las plantas de los pies.

PASO 1

Arrodíllate bocabajo, apoya el trasero sobre los talones y levanta las puntas de los pies.

PASO 2

Estira las dos manos hacia adelante y luego toda la espalda.

PASO 3

Levanta el tronco, siéntate sobre los talones y levanta las puntas de los pies. Notarás que las plantas se van despertando al estirar los talones y cambiándolos de posición.

POR ATRÁS

Levanta las puntas de los pies.

Talones hacia afuera.

Puntas de los pies hacia afuera.

No te cansarás

Estira bien brazos y piernas para corregir la postura curvada durante la noche.

No te cansarás

Así avisarás a tu cuerpo de que toca levantarse.

¡Anota!

¡Activa tu cuerpo con un sencillo estiramiento!

El sistema nervioso parasimpático es el encargado de relajar el cuerpo, por eso siempre es el que domina por la noche. De día, en cambio, se impone el sistema simpático, que nos ayuda a llevar a cabo la mayoría de nuestras actividades. Realizando este estiramiento al despertarnos, la transición al sistema simpático será más suave. Si eres de las que les cuesta despertarse, incorpora este hábito en tu rutina de las mañanas.

PARTE 9

Descansar y dormir sin cansarse

No te cansarás...

Si te incorporas de lado

No te cansarás

Acuéstate sobre un costado y apoya una mano adelante del pecho.

No te cansarás

Baja primero las piernas e incorpórate con la ayuda de la mano.

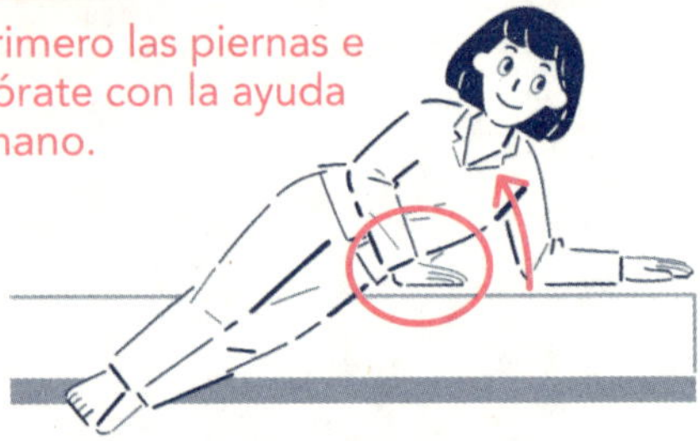

Intenta no incorporarte de frente

Incorporarse de frente sobre la cama sobrecarga los discos intervertebrales, que son los cartílagos que encontramos entre vértebra y vértebra y que hacen las veces de cojín. Si encima tienes problemas de lumbar, evita este gesto a toda costa.

¡Anota!

¿Cuál es la causa de un mal despertar?

Lo ideal es despertarse de forma natural, sin tener que recurrir a un despertador. Los que apuran el sueño hasta el último momento y se levantan con prisas al oír el sonido de la alarma es muy probable que ya de entrada no hayan dormido lo suficiente. Piensa también en hacer de tu recámara un sitio cómodo, cambiando el colchón o las sábanas si fuera necesario y regulando la luz y la temperatura.

Descansar y dormir sin cansarse

Te cansarás

Las siestas de más de diez minutos merman la calidad del sueño por la noche.

Te cansarás

La falta de sueño por culpa de no descansar bien por la noche hará que necesites más siestas y entrarás en un círculo vicioso.

Te cansarás...

Si haces una siesta de más de diez minutos

Si quieres tomar una siesta, que sea antes de las 3 y durante menos de diez minutos

Tomar una siesta de entre cinco y diez minutos para compensar la falta de sueño no está mal, pero si la alargas más de la cuenta, luego no podrás descansar bien por la noche. Tampoco te recomiendo que hagas la siesta pasadas las 3 de la tarde, pues esto también perjudicará el sueño nocturno. Así pues, intenta no dormir en el autobús al salir del trabajo.

10

¡Anota!

¡Ponerse a dormir justo después de comer es peligroso!

Acostarse para dormir justo después de comer puede hacer que la membrana mucosa del esófago se irrite, te salgan llagas, o incluso podría provocarte una enfermedad por refluj gastroesofágico. Si quieres dormir una siesta al mediodía, te recomiendo que primero salgas a caminar unos diez minutos o muevas un poco el cuerpo para estimular la digestión.

PARTE 9

Descansar y dormir sin cansarse

No te cansarás...

Si antes de dormir te das un **masaje** en la cabeza para **calmar la mente**

Te cansarás...

Si te vas a dormir con la mente **muy despierta**

Masajéate los lóbulos de las orejas

En las orejas encontramos muchos puntos de acupuntura conectados con el resto del cuerpo. Date un masaje estirando levemente los lóbulos de las orejas mientras respiras hondo y verás lo relajada y lo bien que duermes.

Dormirás mejor si te aprietas los laterales de las aletas de la nariz

Estimula con cuidado los *Ying xiang*, los puntos de acupuntura ubicados justo en los laterales de las aletas de la nariz. Así mejorarás la circulación del aire y la calidad de tu respiración dormida.

No te cansarás

Antes de dormir, libera la tensión acumulada en el *hyaku-e*, el punto de acupuntura ubicado en la bóveda craneal.

No te cansarás

Masajea el cuero cabelludo de las sienes, que tienden a ponerse rígidas por la acumulación de cansancio.

PARTE 9

Descansar y dormir sin cansarse

No te cansarás

Acuéstate en la cama y estira bien brazos y piernas.

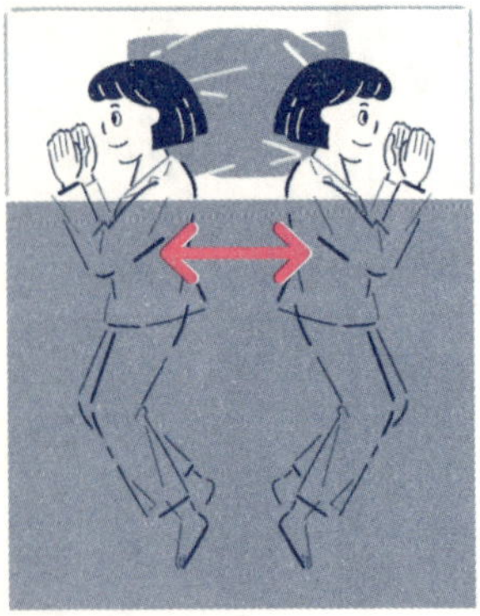

No te cansarás

Luego da vueltas de un lado a otro.

No te cansarás

El cuerpo recordará este movimiento y luego lo repetirá de forma natural mientras duermas.

¡Dar vueltas en la cama es el secreto de un sueño placentero!

Dar vueltas en la cama tiene muchos beneficios, como, por ejemplo, mejorar la calidad del sueño. Notarás que duermes mucho mejor si tu cuerpo aprende a acostarse de la forma correcta.

Algunos beneficios..

- Corregimos la curvatura de la espalda.
- Prevenimos una mala postura corporal.
- Desentumecemos los músculos.
- Mejoramos la circulación de la sangre y la linfa, y estimulamos la eliminación de residuos.

¡Anota!

No moverse en la cama cansa más

Si no cambias de posición ni una sola vez en toda la noche, a la mañana siguiente probablemente te despiertes con dolor en la espalda o en todo el cuerpo. Dicen que un adulto debería cambiar de posición unas veinte o treinta veces durante la noche. Procura elegir una cama y unas sábanas que faciliten el movimiento.

No te cansarás...

Si antes de dormir practicas dando vueltas en la cama

PARTE 9

Descansar y dormir sin cansarse

No te cansarás

Métetе en la cama, con la recámara a oscuras, y escanea tu cuerpo para comprobar que no hay ninguna tensión.

No te cansarás

Si encuentras un foco de tensión, concéntrate para relajarlo.

Si no sabes cómo relajar la tensión...

Si no consigues liberar la tensión de esa zona, o si no sabes exactamente dónde está concentrada, prueba a hacer fuerza con todo tu cuerpo y suéltala de golpe. Dormir sin ninguna tensión te ayudará a girarte más fácilmente y mejorarás la calidad de tu sueño.

No te cansarás...

Si antes de dormir te aseguras de que no quede ninguna tensión en tu cuerpo

PARTE 9

Descansar y dormir sin cansarse

No te cansarás...	Te cansarás...
Si duermes en una **cama dura**	Si duermes en una **cama muy blanda**

Parece mentira, pero funciona. ¡Y también me despierto mejor!

No te cansarás

Un colchón duro facilitará que des vueltas en la cama y la calidad de tu sueño mejorará.

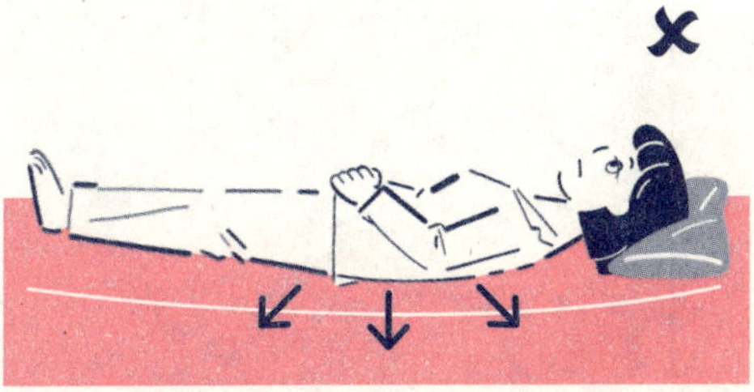

Te cansarás

Si el colchón es demasiado blando, tu cuerpo se hundirá y no podrá girar bien.

Colchón japonés

Lo mejor es que el futón esté encima de una base o del piso

Si duermes en un futón, este debe ser lo suficientemente delgado como para notar la dureza del piso. Esto te permitirá girarte y estirarte mejor mientras duermas, y tu columna vertebral recuperará la buena postura de forma natural.

¿Qué cama es mejor para ti?

	El marco de la cama	El colchón
BUENO	Duro como el de una cama de tatami o de madera	Duro, que no se hunda
MALO	Frágil o sin marco, como una cama plegable	Blando, se hunde

¡Anota!

Procura dar la vuelta al colchón una vez cada tres meses

Los muelles del colchón se van desgastando poco a poco. Sin embargo, dando la vuelta al colchón en horizontal y en vertical una vez cada tres meses evitarás que se tuerzan y tardarán más en deteriorarse. Si tu colchón ya tiene muchos años y los muelles están demasiado desgastados, deberías considerar comprarte uno nuevo.

PARTE 9

Descansar y dormir sin cansarse

No te cansarás...

Si es tu **cuello** el que descansa en la almohada

Te cansarás...

Si solo tu **cabeza** descansa en la almohada

Pues yo pensaba que las almohadas eran para la cabeza...

No te cansarás

Si duermes bocarriba, utiliza un cojín que sea hueco por el medio para que la cabeza quede más baja y el cuello bien sujeto.

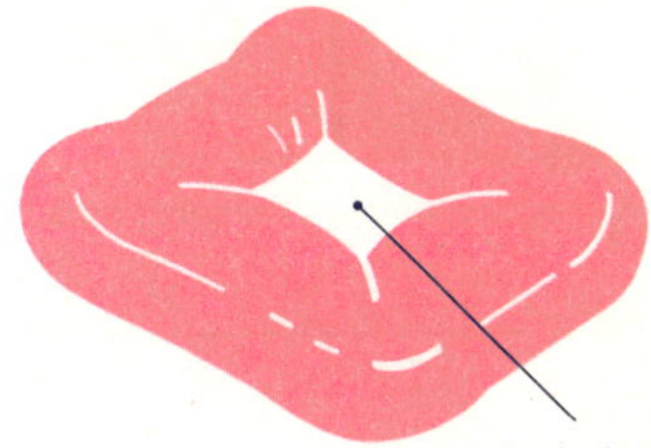

Hundida por el centro

No te cansarás

Si duermes de lado, apoya el cuello sobre los extremos de la almohada, más altos que la parte central.

Te cansarás

El cuello está doblado.

No te cansarás

El cuello se apoya en la almohada.

Si duermes de lado, tu columna debería formar una línea recta

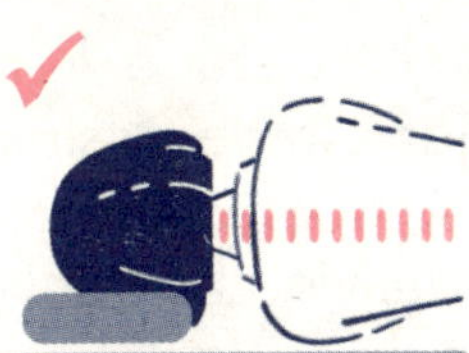

La columna vertebral descansará recta si mantienes las orejas y los hombros a la misma altura.

Cómo crear el mismo efecto con una toalla enrollada

Con dos almohadas y una toalla puedes reproducir fácilmente el mismo efecto que se consigue con una almohada de extremos elevados. Pruébalo en el hotel cuando vayas de viaje.

¡Anota!

No necesitas una almohada a medida

Si compras una almohada hecha a medida, esta se adaptará a tu condición presente, pero correrás el riesgo de que más adelante te obligue a adoptar siempre la misma postura. Una almohada estándar es más que suficiente mientras te asegu es de que tu columna se apoya de la forma correcta.

PARTE 9

Descansar y dormir sin cansarse

Recuperar el sueño perdido es contraproducente

Intentar recuperar el sueño perdido durmiendo más de la cuenta los fines d semana alterará tu ritmo de sueño y lo único que conseguirás será sentirte todavía más cansada. Levántate tan solo una hora más tarde de lo habitual y, si con esto no basta, toma una siesta de más o menos una hora antes de las 3 de la tarde.

Acostarse bocabajo sobrecarga la lumbar

Si te tiendes bocabajo solo levantando el tronco superior para, por ejemplo, leer un libro, estarás sobrecargando tu lumbar más de lo que te imaginas, así que te recomiendo que lo evites.

Nada de celulares en la recámara

Acostarse en la cama reclinando la espalda sobre una almohada es malo tanto para la columna como para los ojos. Si quieres dormir bien, te recomiendo que no te lleves el celular a la recámara.

Mantén el ritmo toda la semana

Con tal de empezar el lunes en el mejor estado posible, intenta recuperar fuerzas a partir del viernes por la noche. No te vayas a dormir demasiado tarde durante el fin de semana y acuéstat temprano la noche del domingo.

PARTE
10

Vivir sin cansarse

PARTE 10

Vivir sin cansarse

No te cansarás...

Si, precisamente cuando estás deprimida, abres el pecho

Te cansarás...

Si redondeas la espalda cuando estás deprimida

No te cansarás

También puedes colocar las manos en la cintura.

No te cansarás

Estira los brazos hacia los lados y abre el pecho.

No te cansarás Tu estado de ánimo mejorará junto con tu postura.

Tus sentimientos residen en el centro de tu pecho

Cuando no podemos expresar nuestros sentimientos como nos gustaría, la zona que rodea el esternón, situado en el centro de nuestro pecho (también conocido como el chakra del corazón), acumula tensión, una tensión que puede llegar a extenderse hasta los hombros y la cabeza. Así pues, cuando te sientas triste por algo, lo primero que debes hacer es abrir el pecho.

¡La calidad de tu respiración y tu estado de ánimo van de la mano!

¡Esta postura estimula las hormonas del estrés!

Si abres el pecho dejarás más espacio para respirar mejor, lo que, a su vez, te ayudará a despejar la mente y a sentirte más animada.
Por el contrario, si redondeas la espalda, tu respiración será más ligera y tu estado anímico también decaerá. Cuando sientas que se te escapa un suspiro, alarga la espalda y respira hondo.

¡Anota!

¡Abre el pecho dos minutos y cómete el mundo!

Según un experimento, extender los brazos hacia los lados y abrir el pecho durante dos minutos ayuda a incrementar en un 20 % las hormonas que combaten el estrés, lo cual hace que nos sintamos más optimistas. Está científicamente demostrado que la postura corporal influye en la condición del ce ebro.

Fuente: Cuddy, Amy. Presencia: *Autoestima, seguridad, poder personal: utiliza el lenguaje del cuerpo para afrontar las situaciones más difíciles.* Urano Divulgación.

PARTE 10

Vivir sin cansarse

No te cansarás...

Si bajas los hombros cuando estás enojada

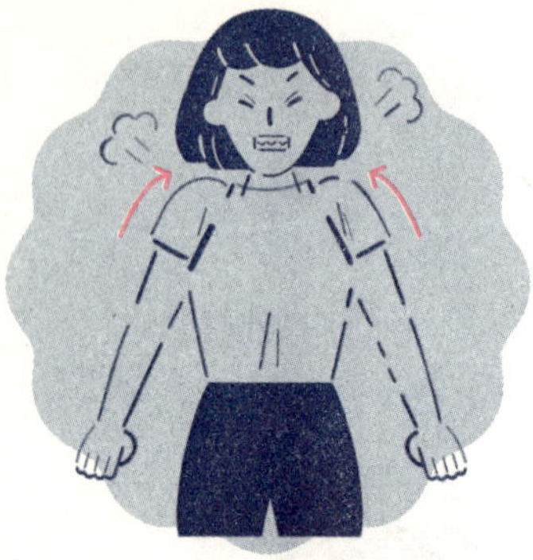

✗

Te cansarás

¡Si, además de enojarte, haces fuerza con los hombros, tus nervios se tensarán más aún!

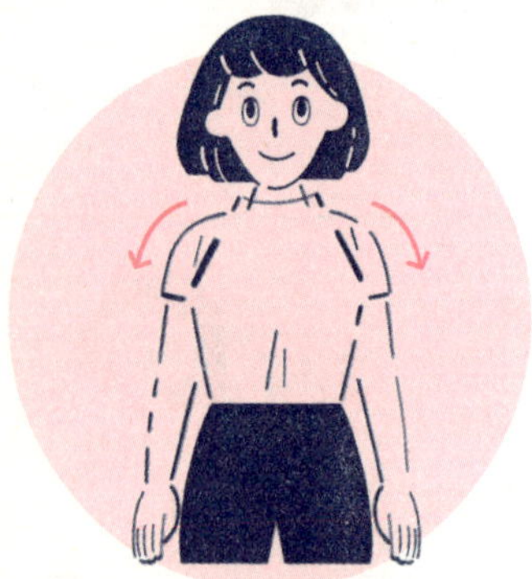

✓

No te cansarás

Relaja los hombros, libera toda tensión y verás que tu rabia también se apaga.

Soltar la rabia acumulada en los hombros te ayudará a recuperar la calma

Cuando nos encontramos con algo que nos disgusta o nos enojamos, ponemos rígidos los músculos de los hombros y la espalda sin darnos cuenta. En momentos así, estira la espalda, estírate entera y libera la tensión de los hombros. Esto te ayudará a recuperar la calma. También te recomiendo que exhales conscientemente (ver pág. 27).

Si te notas estresada, exhala.

PARTE 10

Vivir sin cansarse

No te cansarás

Levantar la vista te ayuda a ser más positiva.

No te cansarás

Ampliar tu campo visual te ayuda a ser extrovertida.

No te cansarás...

Si levantas la vista, pues esto te ayudará a ser positiva

La altura de la mirada está ligada a los sentimientos

Cuando levantamos la mirada, solemos sentirnos optimistas, mientras que si la bajamos, nos volveremos pesimistas.

¡Anota!

Vasos y miradas

Se dice que cuando alguien se sienta en un bar, el tema de conversación varía en función del vaso de su bebida, pues dependiendo de la altura de este, la dirección de la mirada también cambia.

Vino japonés

Se tiende a bajar la mirada, por lo que se habla de experiencias emotivas.

Cerveza

Como se brinda a la altura de los ojos, se suele hablar de temas de actualidad.

Vino

Se suele levantar la mirada, por lo que se comentan sueños por realizar.

PARTE 10

Vivir sin cansarse

No te cansarás

Cuando reímos, la mente y los músculos se destensan y todo el cuerpo se relaja.

No te cansarás

La circulación mejora y el cuerpo se calienta hasta las puntas de las manos y los pies.

¡Hazte sonreír a ti misma!

Tú te conoces mejor que nadie, así que procura ver programas que te hagan reír o tener una buena colección de fotografías de animales adorables. Cuando te sientas cansada, recurre a ellas para sonreír y recuperar el ánimo.

No te cansarás...

Porque, al reírte, el cuerpo y la mente se relajan

PARTE 10

Vivir sin cansarse

No te cansarás

Al saltar, el pulso se acelera, lo cual ayuda a mejorar el estado de ánimo.

No te cansarás

Al estimular la circulación, la fatiga también disminuye.

No te cansarás...

Si, precisamente cuando te sientes cansada, te pones a saltar

¡Acelera el ritmo cardíaco y piensa en positivo!

Esto es lo que ocurre en tu cuerpo cuando el corazón late rápido:

Pensamos en positivo.

↓

Nos entran ganas de hacer cosas.

↓

Se impone el sistema nervioso simpático.

↓

Se acelera el ritmo cardíaco.

¡Anota!

Para acelerar el ritmo cardíaco...

Son pocas las oportunidades que tenemos de acelerar el ritmo cardíaco en nuestro día a día. El deporte es básico si queremos que nuestro corazón lata rápido, y funciona con algo tan sencillo como saltar. Así pues, procura encontrar algo de tiempo durante el día para mover el cuerpo.

PARTE 10

Vivir sin cansarse

Ensancha la mente

Al igual que estirar la espalda nos ayuda a corregir la postura (ver pág. 36), ensanchar la mente nos puede ayudar a cumplir con mayor rapidez nuestros objetivos. Sal de los márgenes que te restringen... ¡y deja a todos boquiabiertos!

El círculo virtuoso de la amabilidad

Cuando consigues liberar tu cuerpo y tu mente de la fatiga, estás de buen humor y es más fácil ser amable con los demás, lo cual te llena de satisfacción y cada vez tardas más en cansarte. Intenta entrar en este círculo virtuoso.

Verbaliza tus sueños

Al parecer, el cerebro humano solo piensa en cosas posibles de realizar. Así pues, no des nada por imposible desde un comienzo y habla sin reservas de lo que quieres hacer. Este es el primer paso para que tus sueños se cumplan.

Empieza por la postura

Cuando tengas un problema que no sepas cómo resolver, empieza por corregir tu postura. Esto hará que la energía para afrontar dicha dificulta fluya por tu cuerpo d forma natural.

Estiramientos para corregir malos hábitos

y estar siempre en buena forma

Estiramientos básicos

He aquí tres estiramientos básicos para mantenerte en buena forma. Cualquier momento es válido para estirar el cuerpo, ya sea porque te sientes cansada o porque necesitas cambiar de humor. Además, para obtener mayores resultados, después de los básicos, atrévete también con algunos estiramientos más específicos para acabar con dolencias concretas (ver págs. 146-159).

¡Mira el video!

Básico 1 Estiramiento de la espalda

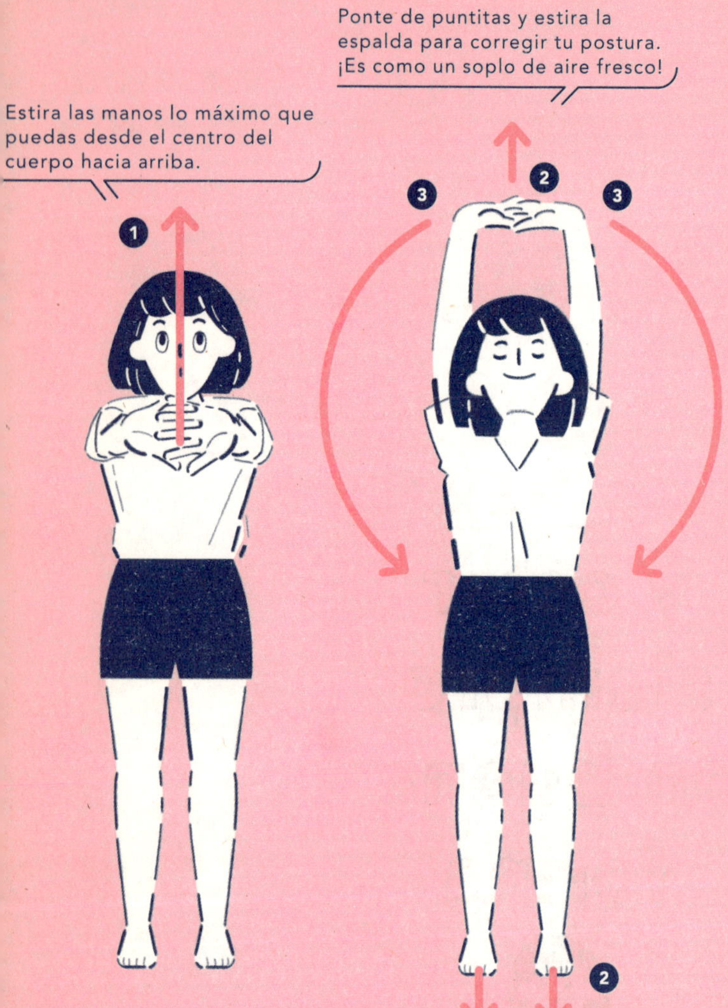

1 Abre las piernas al ancho de los hombros y entrelaza los dedos adelante del pecho. Luego levanta brazos y cara sin dejar de mirar el dorso de las manos.

2 Voltea la cara hacia adelante y estira todo el cuerpo de arriba abajo. Luego baja los brazos dibujando un círculo lo más grande posible.

Básico 2 Estiramiento de la articulación coxal

Dos veces para cada lado

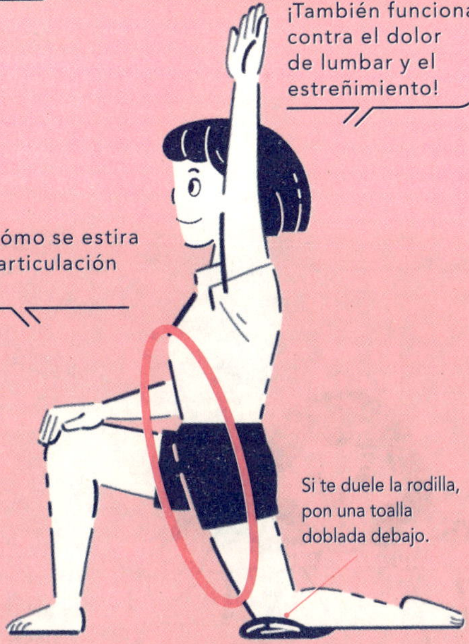

Apoya la rodilla izquierda en el piso, levanta la rodilla derecha y estira la columna vertebral. Desplaza el centro de gravedad hacia adelante y baja la cintura. Levanta el brazo izquierdo recto hacia arriba mientras inhalas. Luego repite lo mismo con el otro lado.

Básico 3 Estiramiento sobre una silla

Dos veces para cada lado

Estira la pierna izquierda e inclina el tronco hacia adelante desde la ingle. Luego levanta la pierna procurando que el tobillo permanezca doblado en ángulo recto. Mantén la rodilla derecha doblada también en ángulo recto. Repite lo mismo con el otro lado.

Específico 1

Dolor de espalda

Este estiramiento te ayudará a relajar toda la espalda desde los hombros. Recomendable tanto para las personas que sufren de dolor de espalda como para las que pasan muchas horas frente a la computadora.

Repítelo tres veces

Si estás en la oficina, también puedes hacerlo sentada.

1 Estira la espalda (ver pág. 144) y corrige tu postura.

2 Pon las manos sobre los hombros.

3 Lleva los codos adelante del pecho hasta que se toquen sin despegar las manos de los hombros.

4 Mueve los codos de arriba abajo dibujando un gran círculo y vuelve al paso 3. Gira también los codos en dirección contraria.

POR ATRÁS

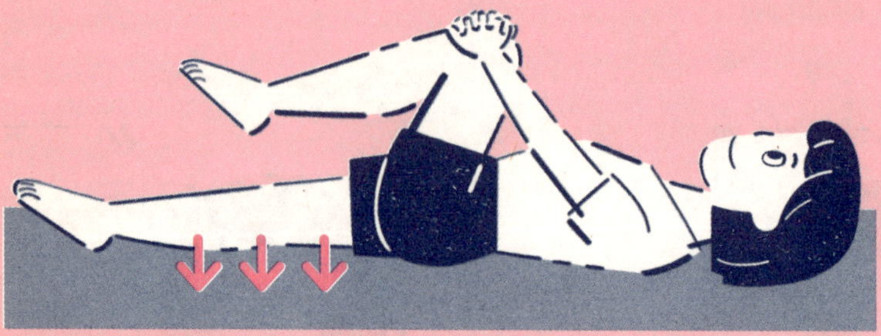

1 Acuéstate bocarriba y entrelaza las manos encima de la rodilla izquierda. Mantén la pierna derecha pegada al piso.

2 Acerca la rodilla al pecho todo lo que puedas. Repite lo mismo con el otro lado.

Específico 2

Lumbar cansada

Con este estiramiento destensarás la zona de la articulación coxal a la vez que estiras la lumbar, lo cual te ayudará a librarte de la fatiga y a prevenir la lumbalgia.

Dos veces para cada lado

Específico 3

Fatiga cervical

El cuello soporta constantemente el peso del cráneo, por lo que es fácil acumular cansancio ahí si permanece mucho tiempo en la misma postura. Para mejorar la circulación, acuérdate de moverlo de vez en cuando.

Tres veces para cada lado

1 Después de estirar la espalda (ver pág. 144), levanta la cabeza desde atrás de las orejas y esconde la mandíbula.

2 Con el tronco en la postura del paso 1, gira lentamente el cuello hacia la izquierda sin mover los hombros. Luego repite lo mismo hacia la derecha.

1 Ponte mirando a la pared a una distancia de tres pies. Estira la espalda (ver pág. 144) y corrige tu postura.

2 Apoya las manos en la pared por encima de la cabeza y empuja el trasero hacia atrás. Dobla un poco las rodillas.

Específico 4

Espalda cansada

Cuando notes tensión en la espalda, prueba a estirarla toda hasta la lumbar para relajarla. Si quieres prevenir cualquier cansancio a nivel de espalda, es importante que mantengas una buena postura todo el día.

Una vez

Específico 5

Pesadez estomacal

A veces la espalda y la lumbar son las responsables de las molestias intestinales. Estira bien la espalda y los abdominales y verás cómo te sientes mejor.

Una vez

1. Enrolla una toalla de baño para que quede lo más dura posible.

2. Así está lista.

3. Acuéstate bocarriba y coloca la toalla enrollada debajo de tu lumbar.

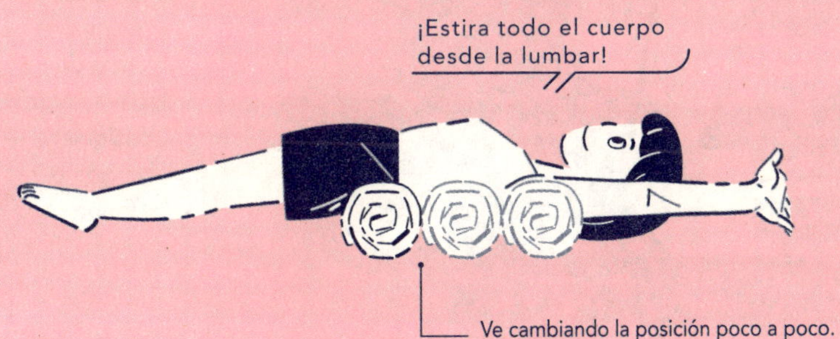

4. Entrelaza las manos y estíralas por encima de la cabeza. Ve desplazando la toalla hacia arriba.

1 Estira la espalda (ver pág. 144) y corrige tu postura.

2 Apoya las palmas de las manos en la barra con las puntas de los dedos mirando hacia ti. Los dos dedos corazones deben quedar en paralelo el uno del otro.

Específico 6

Fatiga en manos y brazos

Pasar mucho tiempo trabajando con la computadora o manipulando nuestro teléfono puede acabar cansando nuestros brazos y manos más de lo que nos imaginamos. Procura relajarlos con este estiramiento antes de llegar a notar cualquier tensión o fatiga.

Una vez

OPCIONAL

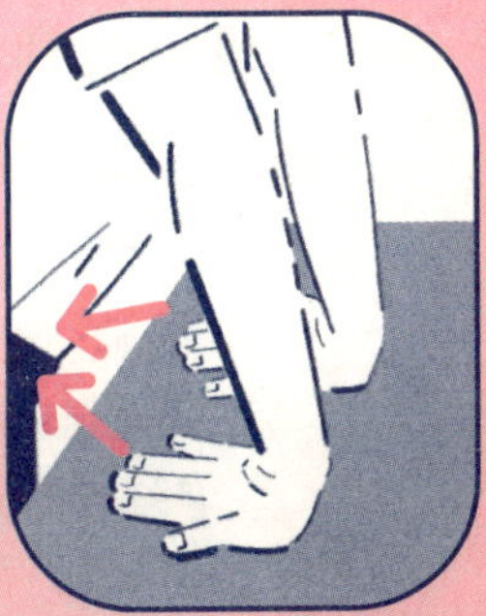

Si los dedos corazones apuntan al centro, el estiramiento será más fuerte.

Aguanta 30 segundos

Siente cómo se estira suavemente la parte interior de los brazos.

3 Estira los codos.

Si las puntas de los dedos salen de la barra, prácticamente no notarás ningún estiramiento.

Si las puntas de los dedos miran hacia afuera, prácticamente no notarás ningún estiramiento.

Específico 7

Fatiga en las piernas

Cuando notes tus piernas cansadas después de caminar o estar mucho tiempo de pie, te recomiendo este estiramiento para relajar las pantorrillas. También cuando te las notes hinchadas.

Dos veces para cada lado

1 Colócate mirando a la pared, estira la espalda (ver pág. 144) y corrige tu postura.

2 Apoya las dos manos en la pared a la altura del pecho y ponte a una distancia que te permita tener los codos completamente estirados.

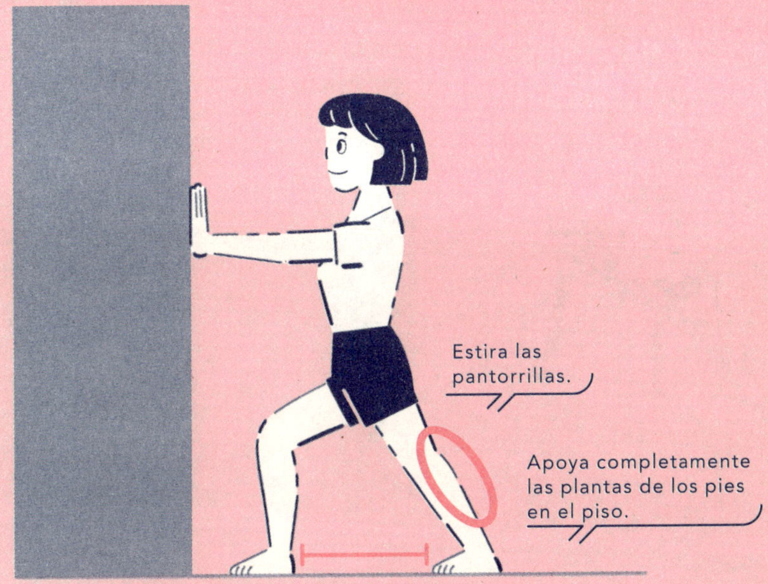

3 Lleva una pierna hacia adelante y dobla la rodilla. Estira la pierna de atrás.

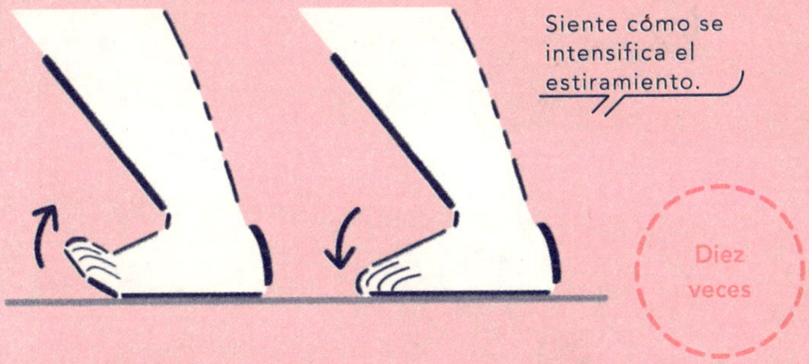

4 Sube y baja los dedos de la pierna de atrás. Luego repite lo mismo con la otra pierna.

1 Siéntate en una silla con la espalda recta (ver pág. 59) y apoya el tobillo izquierdo encima del muslo derecho.

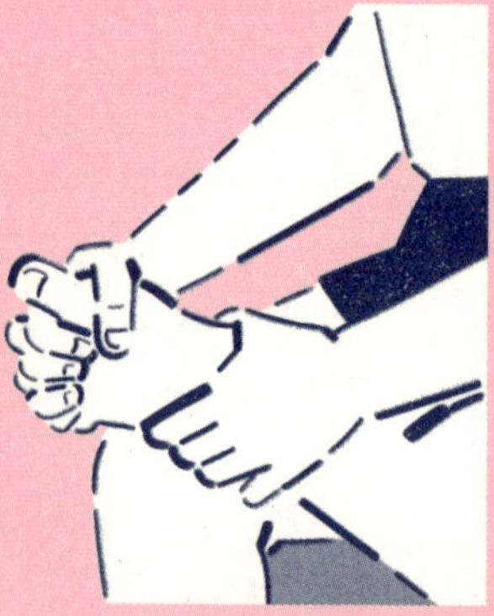

2 Entrelaza los dedos del pie izquierdo con los de la mano derecha y aprieta fuerte. Agarra el dorso del pie con la mano izquierda y aprieta también.

3 Gira la mano derecha y la izquierda a la vez, pero en el sentido opuesto. Luego repite lo mismo con el otro pie.

Específico 8

Fatiga en las plantas de los pies

Los pies están formados por muchos huesos (¡26 en cada uno!). Moverlos todos es imprescindible si queremos deshacernos del cansancio en las plantas de los pies.

Un minuto para cada pie

Específico 9

Tensión facial

La cara acumula tensión sin que nos demos cuenta. Intenta relajarla de forma consciente de vez en cuando para tener también una piel más sana y con mejor color.

Cinco veces

1 Haz fuerza con toda la cara para arrugarla.

Intenta liberarte de cualquier tensión después de abrir la boca y los ojos.

2 Abre todo lo que puedas los ojos y la boca de golpe, como si quisieras abrir la cara.

Específico 10

Fatiga ocular

Al igual que ocurre con los hombros y la lumbar, los músculos alrededor de los ojos también se tensan. Si eres de las que fuerzan mucho la vista, te recomiendo que te tomes descansos periódicamente para realizar los siguientes ejercicios, aunque no tienes por qué hacerlos todos a la vez.

Una vez al día como mínimo

1 Concentra la vista en un punto lo más lejos posible.

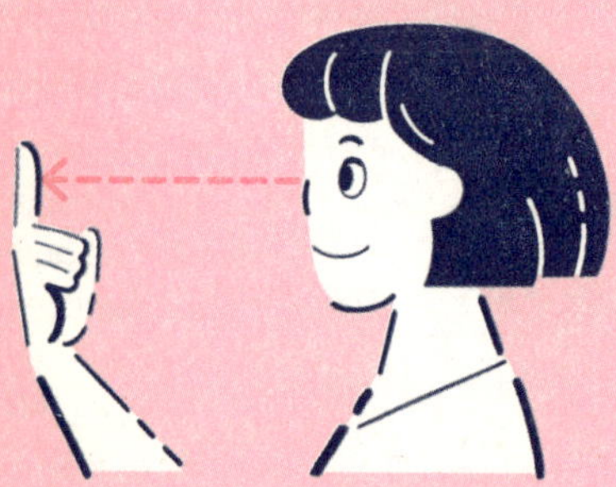

2 Pon el dedo índice frente a tu cara y concentra tu mirada en la punta.

3 Acerca el dedo sin apartar la mirada. Repite estos tres pasos cinco veces.

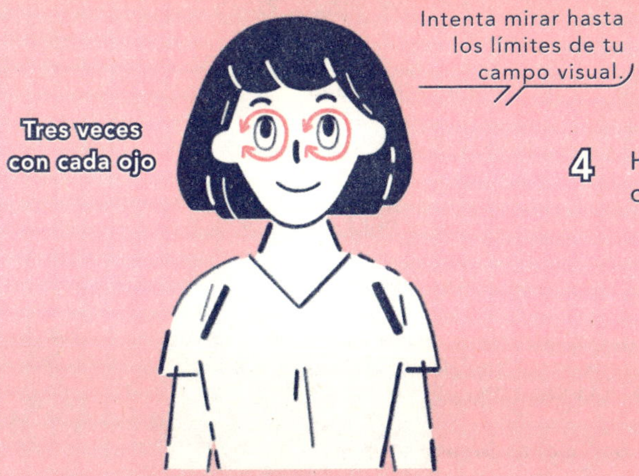

4 Haz grandes círculos con los ojos.

5 Presiona suavemente los ojos con las palmas de las manos.

6 Presiona suavemente los lagrimales y las sienes varias veces. No hagas mucha fuerza, tiene que ser agradable.

Obra editada en colaboración con Editorial Planeta – España

Título original: 調子いい!がずっとつづくカラダの使い方

Bajo el sello editorial DIANA M.R.
Avenida Presidente Masarik núm. 111,
Piso 2, Polanco V Sección, Miguel Hidalgo
C.P. 11560, Ciudad de México
www.planetadelibros.com.mx

Adaptación de la maqueta: Pleca Digital, S. L.

Primera edición impresa en España: octubre de 2022
ISBN: 978-84-1119-033-6

Primera edición impresa en México: enero de 2023
ISBN: 978-607-07-9546-6

Nota: Este libro debe interpretarse como un volumen de referencia. La información que contiene está pensada para ayudarte a tomar decisiones adecuadas respecto a tu salud y bienestar. Ahora bien, si sospechas que tienes algún problema médico o de otra índole, el autor y la editorial te recomiendan que consultes a un profesional.

Impreso en los talleres Impresora Tauro, S.A. de C.V.
Av. Año de Juárez 343, Colonia Granjas San Antonio, Iztapalapa
C.P. 09070, Ciudad de México.
Impreso en México – *Printed in Mexico*